Para:

De:

Fecha:

LA VERDAD SIN RESERVAS

Consejos prácticos para JÓVENES

EDITORIAL PATMOS

LA VERDAD SIN RESERVAS
Consejos prácticos para jóvenes

Publicado por Editorial Patmos
Miami, Florida, EE.UU.

Originalmente publicado en inglés con el título Truth Unplugged,
por Honor Books®, una división de Cook Communications Ministries,
Colorado Springs, Colorado · Paris, Ontario · Kingsway Communications LTD,
Eastbourne, Inglaterra

Si no se indica lo contrario, todas las citas bíblicas son tomadas de la Versión
Reina Valera Revisión 1960.

ISBN 10: 1-58802-408-3
ISBN 13: 978-1-58802-408-4

Categoría: Jóvenes

Impreso en Brasil

Introducción

¿A dónde irás con las preguntas difíciles que enfrentas? *La Verdad Sin Reservas- Consejos prácticos para jóvenes* acerca de la vida te da los hechos y consejo sólido acerca de las experiencias que vives en los pasillos de tu escuela, camino a la clase, en el estacionamiento después de clases, o en la casa de un amigo- situaciones como por qué no fumar, cómo llevarse con personas del sexo opuesto, cómo sobrellevar a un valentón, o incluso qué hacer cuando un amigo está tan triste que habla de suicidarse.

Las respuestas a continuación son escritas por Jim Burns, un experto que ha impartido sabiduría de Dios, con mucho sentido común, a los adolescentes por años. Las respuestas sinceras para las preguntas difíciles que verás en las siguientes páginas te ayudarán a tomar buenas decisiones y a defender esas decisiones aun cuando estés bajo presión y mientras te acercas más a Dios.

UNA MONTAÑA DE AUTOESTIMA

¿Como puedo sobrepasar mis ansiedades y temores? Cuando sé que Dios me ha dado algo que decir me pongo tan nervioso que siento que casi me desmayo.

Enfrenta tus temores obrando a través de ellos. Entre más hables de Dios y que es lo que El quiere que digas, menos nervioso y tímido te sentirás.

También te animaría a que hablaras con el encargado del grupo de jóvenes o el pastor de tu iglesia. Ellos te conocen y conocen tus características personales y te pueden dar un mejor consejo de cómo decir con confianza lo que Dios quiere que digas. Busca consejos y apoyo de las personas que te conocen, te apoyan, y que quieren verte hablar con integridad y motivos puros.

Otra buena manera de ganar confianza es inscribiéndote a clases de oratoria, un grupo de debate o en un club teatral. Los maestros y coordinadores en esas áreas te darán buenos consejos para hablar en público, y puedes tomar esos consejos para aplicarlos en situaciones sociales, aun cuando sean cara a cara. Aunque puede que tal vez no estés hablando de Dios o de tu fe en esas situaciones, es muy probable que obtengas más confianza al hablar de cualquier cosa.

Aunque yo nunca me he desmayado cuando hablo de Dios, ha habido veces cuando siento ansiedad en lo que siento que debo de decir. ¿Qué es lo que hago en situaciones como estas? Respiro profundo, ofrezco orar, y sigo adelante. Y esas son mis palabras de ánimo para ti.

La confianza es como una montaña de repetidas experiencias exitosas, que se forman a través del tiempo.

SEAN GRATOS LOS DICHOS DE MI BOCA Y LA MEDITACIÓN DE MI CORAZÓN DELANTE DE TI, O JEHOVÁ, ROCA MÍA, Y REDENTOR MÍO.

SALMO 19:14

TÚ GANAS

Me he percatado de mis atracciones por personas de mi mismo sexo desde que tenía dieciséis años. Tuve citas en la última parte de mis estudios de preparatoria y una corta relación después de mi primer año en la universidad. Aun así, siempre he creído en la posición de la Biblia acerca de la homosexualidad como un pecado y he querido cambiar. Me he abstenido de buscar relaciones con personas de mi mismo sexo por los últimos cuatro años y he sido parte de una iglesia y del grupo cristiano en la universidad. ¿Debería yo dejar la escuela por un tiempo y mudarme a un lugar donde pueda conseguir consejos cristianos acerca de mis problemas?

Me he interesado en entrar a un programa donde reciba consejos para sanar mi identidad sexual. Desafortunadamente, no hay consejeros en nuestra área de los que yo o mí pastor sepamos. El más cercano esta como a una hora de distancia y no tengo un auto.

... Siento fuertemente que debo de hacer algo formal y constructivo para corregir estos deseos hacia mi mismo sexo. Me he deprimido mucho, con temor de que la gente descubra "mi secreto" y que el grupo cristiano de la universidad (en el cual he servido mucho) me desacredite si la gente empieza a darse cuenta que uno de sus miembros más visibles es gay.

De cualquier manera, no me siento cómodo de hablar con mis amigos de esto, y necesito hacer algo.

Suena como que tienes muy buen control de tus atracciones hacia las personas de tu mismo sexo. La clave para un cambio de largo tiempo va a ser yendo a consejería y apoyo de alguien que comprenda lo que sientes y tus necesidades y circunstancias tan únicas.

Primero, el asunto de la consejería. Es imperativo que encuentres opciones en consejería Cristo-céntrica. Como no has encontrado a nadie en tu área esto puede presentar un problema. Tal vez quieras llamar a Éxodo Internacional para ver si saben de alguien que esté cerca de donde vives. Lee más abajo la lista de contactos de ellos y otras organizaciones que te pueden ayudar a encontrar a localizar a alguien en tu área.

Tal vez vayas a necesitar ir a ver al consejero que está a una hora de allí. Puede que sea más fácil que consigas un auto que encontrar otra solución.

En cuestión acerca del ministerio y la escuela es que, a decir verdad el que tengas atracciones hacia el mismo sexo no es pecado, sino llegar a las acciones es lo que lo constituye en pecado. Por lo que tú has escrito no estás en un pecado aún. Si vas a continuar en el ministerio, considera esto:

A QUIENES DIOS QUISO DAR A CONOCER LAS RIQUEZAS DE LA GLORIA DE ESTE MISTERIO ENTRE LOS GENTILES; QUE ES CRISTO EN VOSOTROS, LA ESPERANZA DE GLORIA.

COLOSENSES 1:27.

1. Vas a necesitar un(a) compañero(a) a quien le puedas ser honesto.

2. Tendrás que encontrar opciones de consejería para que puedas buscar ser sanado y transformado en esta área.

3. Si en verdad estás batallando, es probable que necesites dejar el ministerio por un tiempo para que puedas enfocarte en tu propia sanidad antes que en la sanidad y restauración de otros.

Puedes vencer cualquier obstáculo en tu vida si buscas una relación constante con Dios.

LA VERDAD SIN RESERVAS

AMOR VERDADERO

¿Cuál es la diferencia entre el amor y la infatuación?

En mi opinión de lo que la gente llama "amor" es solamente "infatuación." Infatuación tiene que ver con la atracción física y el sentir "mariposa en el estómago" de los pensamientos de una persona (como "O estoy tan enamorado(a)… de la persona a la que acabo de conocer."). Mientras que muchos de los sentimientos de infatuación son los mismos de los que existen en el amor verdadero, el amor es MÁS que un sentimiento. Aquí hay algunas de las diferencias principales:

El amor verdadero incluye compromiso hacia la otra persona; la infatuación no lo incluye.

El amor es más acerca de cómo puedo mostrarle a la otra persona mi interés; la infatuación es más acerca de cómo la otra persona me hace sentir a MI.

El amor verdadero se basa en conocer realmente a la otra persona; la infatuación se enfoca en las cualidades físicas e impresiones de la otra persona.

El amor verdadero sobrepasa desacuerdos y problemas; los desacuerdos y problemas por lo general rompen la "burbujita" de la infatuación.

El amor verdadero pasa la prueba del tiempo; la infatuación no dura.

Después de haber dicho todo esto, quiero que sepas que la infatuación es algo normal. Muy seguido es la introducción hacia el amor verdadero- la primera fase de una relación romántica. Por ejemplo a un chico le gusta una chica (o viceversa). Se conocen. Se gustan (infatuación). Empiezan a formar una relación. La relación florece (en amor), se estanca (se queda como infatuación por un tiempo), o muere (¡la burbuja se rompe!).

El verdadero amor sobrepasa la prueba del tiempo.

Y AHORA PERMANECEN LA FE, LA ESPERANZA Y EL AMOR, ESTOS TRES; PERO EL MAYOR DE ELLOS ES EL AMOR.

1 CORINTIOS 13:13

LA VERDAD SIN RESERVAS

EXPRÉSATE

¿Qué puedo hacer para ayudar a mis padres a entender que es muy importante para mí que ellos entiendan lo que se siente ser adoptado? Yo soy adoptado y no pienso que mis padres tengan idea de cómo la adopción me afecta. No sé como que hablar con ellos acerca de ello. Amo a mis padres, y sé que se interesan por mí.

Estás tratando un tema muy importante. Como un padre que tiene una hija adoptada, siento que es muy importante intentar fuertemente entender lo que la adopción significa para el hijo(a) adoptado. Yo me sorprendería si tus padres no se sintieran de la misma manera. Vuelve a preguntarles para que te asegures si tal vez sea un problema de comunicación.

A veces los padres tienen dificultades en expresar sus sentimientos, o tal vez tus padres teman que tú los rechaces. Asegúrales que les amas. Tal vez no sean tus padres biológicos, pero como ellos te criaron, ellos son tus padres, y estoy seguro que tú los amas mucho.

Cada adopción es diferente y especial. En cualquier familia, es importante encontrar un tiempo adecuado para hablar de tus sentimientos y frustraciones, tus sueños y deseos. Diles a tus padres como te sientes y diles que es lo que esperas de ellos una vez que les hayas reafirmado que lugar ocupan en tu vida. Incluso te recomendaría que dejaras que tus padres leyeran tu pregunta y mi respuesta. Tal vez les ayude a los tres el hablar abiertamente de tu adopción. Puedes sugerir que los tres lean algo juntos. Un libro que yo les recomiendo es amado por elección por Susan Horner y Nelly Fordyce Martindale (Baker). Ese libro es una celebración hacia la adopción, y viene con una lista de recursos que podrían añadir a la lectura tuya y/o de tus padres. Pudieran leer un capítulo o parte de un capitulo cada noche después de la cena.

Yo te animo a que cuando les hables de leer un libro acerca de la adopción lo hagas con mucha dulzura. Trata fuertemente de no criticarlos o darles a entender que no están haciendo lo suficiente por entender tus sentimientos. Sólo plantéaselo como una forma en que puedan entender mejor lo que la adopción significa para toda la familia. Leyendo algo juntos también les puede ayudar a hablar más fácilmente acerca de tus sentimientos y lo que piensas de la adopción. Uno de los días más grandes de mi vida fue cuando trajimos a mi hija a casa. Un trabajador social puso en mis brazos a esta preciosa niña, y con lágrimas en mis ojos, le di gracias a Dios por darme un regalo tan especial. Hoy mi hija es una adolescente, y muy raramente pasa un día en que no agradezca yo por haberla traído a mi vida.

Tus padres probablemente se sienten de la misma manera acerca de ti. Como alguien que es adoptado, pudieras sentir la intensidad del abandono en momentos muy importantes de tu vida, como en tu cumpleaños y graduación. En esos momentos, recuerda que tú eres un regalo especial de Dios, que fuiste otorgado a tus padres por una madre biológica. Dios, tu madre biológica y tus padres han contribuido a que estés en el lugar que estás hoy en día. Aprende tanto cuanto puedas de tu lugar tan especial en la vida; intenta lo más que puedas para expresar tus sentimientos a tus padres; y agradece a Dios por la forma tan apasionada en la que El se interesa por ti.

La comunicación empieza con un corazón y mente abiertos, hablando desde un punto verdadero y escuchando con una voluntad de considerar una perspectiva nueva.

PUES NO HABÉIS RECIBIDO EL ESPÍRITU DE ESCLAVITUD PARA ESTAR OTRA VEZ EN TEMOR, SINO QUE HABÉIS RECIBIDO EL ESPÍRITU DE ADOPCIÓN, POR EL CUAL CLAMAMOS: ¡ABBA, PADRE!

ROMANOS 8:15

DISFRUTA TU PERSONALIDAD

¿Como puedo ser más extrovertido? Yo soy un poco introvertido y me intimido fácilmente. Cuando estoy entre la gente simplemente no digo nada. Cuando me atrevo a hablar siento como si todo lo que dije lo dije hecho bola y tontamente. Cada vez que soy yo mismo, siento como que la gente se me queda viendo raro. Siento como que la gente no me conoce realmente. En mi casa yo hablo mucho, pero en mi iglesia no soy tan abierto. Solamente quisiera ser como los demás. Cuando veo gente extrovertida, me dan ganas de ser más extrovertido.

Estás en el proceso de crecimiento hacia la madurez. La mayoría de la gente se siente igual que tú en algún momento de sus vidas. Yo soy extrovertido, y apenas ayer me encontré en medio de un grupo de gente que me intimidaban. Me sentí como que lo que decía salía "hecho bola" y me sentí "tonto" también. Es verdad que nos sentimos más cómodos en nuestra propia casa y en los lugares donde nos sentimos en paz. Hay algunos ambientes en donde un introvertido se siente más a gusto y otros ambientes en donde el extrovertido se siente más a gusto. Déjame y te digo por que me gustan más las personas introvertidas. Por lo general son mejores oyentes que los extrovertidos, y el escuchar es el lenguaje del amor. Muy seguido son más sensibles a las necesidades de otros. Tal vez no hablen tanto como los extrovertidos pero cuando lo hacen, generalmente tienen algo muy importante que decir. Escuchan antes de hablar; Yo hablo y pienso al mismo tiempo, y a veces lo que digo no tiene sentido. Los introvertidos pueden ir a un evento social y tener una conversación profunda con una persona. En la misma situación, nosotros los extrovertidos con frecuencia solamente tenemos una conversación muy superficial con todo mundo.

Espero que aprendas a disfrutar de tu personalidad. Los extrovertidos parecen tener el control de las palabras y de los eventos sociales, pero yo creo que un introvertido con seguridad, que ama a Dios y que tiene la correcta imagen de sí mismo es la influencia más grande en el mundo. En vez de preocuparte demasiado acerca de tu timidez, toma en cuenta la creación de Dios de tu vida, e inclusive su parte en la creación de tu personalidad.

Disfruta siendo tú mismo.

PORQUE TÚ FORMASTE MIS ENTRAÑAS; TÚ ME HICISTE EN EL VIENTRE DE MI MADRE. TE ALABARÉ; PORQUE FORMIDABLES, MARAVILLOSAS SON TUS OBRAS; ESTOY MARAVILLADO, Y MI ALMA LO SABE MUY BIEN.

SALMO 139:13-14

ES TU DECISIÓN

Estaba pensando acerca de Génesis y del Jardín del Edén; ¿por qué le dijo Dios a Adán y a Eva que no comieran el fruto prohibido? Mi pregunta es, ¿por qué puso Dios allí el árbol del fruto prohibido? Y ¿Por qué no saco Dios a Satanás del Jardín del Edén, o hizo que sus ángeles lo mantuvieran afuera?

No creo que alguien pueda decir con certeza por qué Dios hizo lo que hizo en los comienzos del drama humano. Por todo lo que sabemos de Dios, nunca sabremos todo acerca de El- ciertamente no en esta vida. En muchas formas, Dios está más allá de nuestra comprensión.

Dios, por medio del profeta Isaías, dijo lo siguiente de sí mismo: "Porque mis pensamientos no son tus pensamientos ni tus caminos como mis caminos," declara el Señor. "Como están los cielos más altos que la tierra, así son mis caminos mas altos que tus caminos y mis pensamientos que tus pensamientos" (Isaías 55:8-9)

Con esto en mente, déjame te doy algunos de mis pensamientos. ¡Espero que sean de ayuda!

- Dios no creo a la gente como robots. Parte de lo que nos hace "personas" es que Dios nos ha dado la libertad de escoger. Si nos hubiera obligado a hacer siempre lo que El quisiera que hiciéramos, creo que tal vez le restaría significado a nuestra elección de amar, obedecer, y de seguirle a El.

- Yo sé que en mi vida, mi propio pecado me arruinó y me separa de Dios. Yo sé que fue costoso para Dios el ofrecerme el perdón que yo necesitaba y que sólo El podía proveerme. Le costó la muerte de su único Hijo, Jesús. Y ahora, porque yo sé que su amor y perdón en mi propia vida, le amo y literalmente le debo mi vida (y vida eterna) a El. No estoy seguro si es que hubiera podido conocer el poder de su amor de la misma manera si Adán y Eva no hubieran introducido el pecado (por causa del engaño de Satanás) a nuestra familia humana.
- La perfección, santidad, y gloria brillan más en contraste con la oscuridad del pecado y del mal

Dios te dio el alma para que puedas servirle libremente.

ESCOGEOS HOY A QUIÉN SIRVÁIS.

JOSUÉ 24:15

LA VERDAD SIN RESERVAS

AUDIENCIA INMEDIATA

¿Crees que debiera seguir mi deseo de orar en la escuela o debería dejar de preocuparme? En mi escuela, los maestros y los administradores no tienen permiso de orar en voz alta. Recientemente, pedí permiso de hacer una oración antes de un partido, pero los administradores me dijeron que eso seria en contra de la ley. Uno de mis maestros me dice que no es cierto. Siento como que Dios me estuviera diciendo que haga esto.

Estás tocando uno de los puntos más controversiales de esta generación. Ha habido miles de debates y discusiones acerca de las oraciones en las escuelas. Hay escuelas, sobre todo en el sur de los Estados Unidos donde cada partido se empieza con una oración. De todas formas, a causa del fallo de la Suprema Corte de Justicia, las oraciones oficiales antes de un partido de la escuela están prohibidas. Aunque se permiten momentos de silencio, aun así nadie- adultos o estudiantes- puede orar en voz alta.

Lo que es interesante acerca de este fallo es que a la vez la Suprema Corte de Justicia ha permitido clubes estudiantiles bíblicos que se reúnan en lugares donde los estudiantes pueden orar libremente. A esto se le llama "El acta de Libre acceso." Es totalmente legal que tú y tus compañeros formen un club y después oren en esa sección de la escuela. Para más información acerca de cómo "El acta de Libre acceso" se aplica en tu escuela, ve a la página de Internet gocampus.org/alliance/launch/launch3-17.html.

En referencia a tu pregunta si debieras seguir tu deseo o dejarlo en paz, bueno tú eres quien debe tomar esa decisión. Dudo que tu director te permita orar en voz alta. Dios te pudiera estar llamando a que les escribas a tus representantes en Washington para que les pidas que consideren hacer cambios en la ley. Muchos cristianos se están volviendo más y más activos en lo que le llaman "la política publica," y creo que eso es bueno. A veces Dios planta un sueño en nuestro corazón para que trabajemos en el cambio. Pero por ahora, no dejes de orar por tu escuela- y hazlo mientras estés allí. Nadie te puede detener de caminar por los pasillos y silenciosamente orar por los maestros y estudiantes. Nadie puede detenerte de que inclines tu cabeza para orar por tus alimentos.

Recuerda, la oración es realmente hablar directamente con Dios, expresándole agradecimiento, mostrándole tu amor por El, pidiendo de su ayuda y guía, y pidiéndole que se revele a sí mismo a aquellos que lo necesitan. Entonces, sigue orando en la escuela- aun si la oración pública está prohibida.

Una oración en silencio gana audiencia inmediata
con la Autoridad más Alta.

La oración eficaz del justo puede mucho.

Santiago 5:16

LA VERDAD SIN RESERVAS

COSAS DE LA VIDA

¿Conoces de algunos buenos juegos cristianos de RPG? Me gustan los juegos de personificar pero no me gustan los juegos más populares como Calabozos y Dragones, Rifts y Vampiros. He podido encontrar unos pocos juegos alternativos seculares pero no he podido encontrar uno bueno que sea cristiano.

No estás solo en tu misión de encontrar juegos que honren a Cristo. De hecho, un grupo cristiano de entusiastas de juegos llevó su interés a la red, y fundaron el Gremio de Juegos Cristianos (Christian Gamers Guild) o el CGG, en 1996. El CGG se conocía como la Asociación de Jugadores de Personajes Cristianos (o Christian Role-Playing Gamers Association). Aunque el nombre se cambió para incluir a todo tipo de jugadores, el CGG continúa enfocándose en los juegos de personificación. También son los anfitriones de un grupo en Yahoo! Y publican una página llena de noticias de los juegos cristianos de RPG.

No hay montones de Christian RPG's, y el CGG espera cambiar eso. Sus metas incluyen involucrarse en el diseño de juegos, abogar por los juegos desde una perspectiva cristiana, y ministrar en las convenciones de juegos.

No parece que te tenga que dar esta precaución pero muchos lectores pueden necesitar ser recordados que los RPG pueden ser muy peligrosos. Como seguidores de Cristo, debemos asegurarnos de no poner pensamientos negativos o de ocultismo en nuestras mentes.

Me gustaría contarte de Steve, un muchacho cristiano que se involucró en los Juegos RP cuando tenía catorce años. Steve encontró una página de Internet con muchos Juegos RP y se unió a algunos de ellos. Pronto, se envició. Sentía como que Dios le hablaba y decía que algunos de los juegos no eran saludables para su andar espiritual, pero ignoró ese sentimiento. Pensaba que todo estaba bien porque aun asistía a la iglesia.

En un año y medio, Steve se encontró adicto a juegos muy intensos y anticristianos. La adicción se movió a otras áreas de su vida- empezó a ver pornografía diariamente.

Steve dejó la iglesia, sus amigos, su fe. Sus calificaciones empezaron a bajar, y empezó a violar sus valores en cada manera posible. Finalmente, Steve se dio cuenta que estaba adicto.

Afortunadamente, hay un final feliz en la historia de Steve. Un día regresó a Dios a pedirle ayuda y fue con su pastor de jóvenes para que le aconsejara. Después de muchos meses en un proceso intenso de sanidad, Steve ahora vive en libertad de su adicción. Aun así, las imágenes vividas están grabadas en su mente, y aun vive con las consecuencias de su adicción. También, Steve, se tiene que mantener a buena distancia de cualquier cosa que lo pueda enredar nuevamente en juegos RPG o la pornografía.

Espero que muy pronto los jugadores cristianos tengan alternativas que sean buenas y creativas. Quien sabe, tal vez Dios te use a ti para crear algunas. (Lee Romanos 12:2 y Filipenses 4:8-9.) Por el bien de muchos que están cayendo en cosas muy negativas, tuve que extenderme en tu pregunta.

El camino en el que más piensas suele ser el camino por el que más caminas.

SOBRE TODA COSA GUARDADA, GUARDA TU CORAZÓN; PORQUE DE ÉL MANA LA VIDA.

PROVERBIOS 4:23

LOS MOTIVOS CORRECTOS

¿Qué dice la Biblia acerca de ser vegetariano? ¿Está bien serlo o está en contra de lo que Dios dice?

Tú puedes ser vegetariano, o puedes comer carne. La Biblia no habla en contra de eso. En la Biblia, Daniel escogió comer vegetales en vez de la comida de la mesa del rey. Diez días después, se encontró muy sano. Si quieres leer la historia lee en Daniel 1:8 16.

Te recomendaría que consultaras con el médico de tu familia, un dietista, o un nutricionista antes de hacer cualquier cambio radical en tu alimentación. Si decides ser vegetariano, lo debes hacer correctamente. Eso significa que debes asegurarte que tengas una dieta saludable que incluya las proporciones adecuadas de proteínas por medio de algún sustituto de carne.

Aquí hay dos preguntas para ti:

¿Cuáles son tus motivos? Si decides ser vegetariano y es por las razones correctas, entonces tienes motivos puros. Así no lo estarías haciendo para que una amistad te acepte o para rebelarte contra tus padres. Tomarías tu decisión con integridad.

¿Crees que Dios te está diciendo que seas vegetariano? Si a Dios le interesa todo lo que pasa en nuestras vidas, y como sí se interesa, entonces seguramente le interesa nuestras decisiones alimenticias. (Lee Mateo 6:25-33) Busca su liderazgo y su guía. Aun nuestros hábitos alimenticios deben acercarnos a Dios- si hacemos estas decisiones con los motivos correctos y con el único propósito de darle gloria en todo lo que hacemos.

Un corazón amoroso produce motivos correctos
y una conciencia limpia.

EL CAMINO DEL HOMBRE PERVERSO ES TORCIDO Y EXTRAÑO; MAS LOS HECHOS DEL LIMPIO SON RECTOS.

PROVERBIOS 21:8

LA VERDAD SIN RESERVAS

NUESTROS PENSAMIENTOS

¿Cómo me detengo? Ocasionalmente entro en páginas pornográficas, y sé que está mal. No parece que pueda romper la costumbre. ¡Ayúdenme!

Gracias por ser honesto. La pornografía es un asunto muy difícil de tratar. Las buenas noticias es que Dios es un Dios de perdón y restauración. No importa donde estés o que hayas hecho, o en que te encuentres atrapado- Dios puede y te va a perdonar, sanar y restaurar.

El primer paso es admitir que hay un problema y que la porno grafía es mala- lo cual ya has hecho y eso está muy bien. La mitad de la batalla se gana haciendo eso. En cuestión al tiempo futuro, el cambio comienza con una decisión de cambiar y le siguen algunas medidas que ayudan a cumplir ese compromiso.

En seguida verás algunas decisiones que deberás tomar:

Tal vez tengas que cambiar tu software de Internet a uno con filtros que no te permitan ir a esas páginas aunque desees hacerlo.

Tal vez tengas que cambiar tus hábitos del Internet, quizás moviendo la computadora a un lugar más público en la casa, si es que estás viviendo con otras personas.

Junta personas alrededor de ti que te puedan pedirte cuentas. Necesitas tener personas en tu vida con las que puedas compartir tu problema- personas que te puedan hacer las preguntas difíciles en la vida como, ¿Cuándo fue la última vez que visitaste esa página? Estas son las personas las que tú confías y a las que conoces. Son totalmente trasparentes contigo y te aman incondicionalmente- sin ningún pero.

Tal vez hayas escuchado a alguien decir: "Si basura entra, basura sale." Bueno, pues se aplica en esta situación. No nada más necesitas no meter basura en tu mente, sino también llenarla de cosas que purifican tu mente y tu corazón. Evalúa lo que lees, lo que escuchas, y lo que ves. ¿Cuáles son los mensajes que estás dejando entrar en tu mente y corazón? Lee las Escrituras y otros libros cristianos.

Escucha música que glorifique a Cristo, Empieza a "reconfigurar" tu mente y tu corazón por medio de las cosas que permites que entren.

Lee Proverbios 4:23 y decláralo como tuyo.

Recuerda, el dejar una adicción no es fácil. No hay caminos cortos. Se necesita tomar tiempo, esfuerzo, y compromiso. Puede que haya veces en las que puedas caer o tropezar, pero Dios está a un lado tuyo. Descansa en El. Depende en el Espíritu para que te ayude a superar este problema. Ora con frecuencia. Dios te puede librar. Probablemente no te metiste en esto de la noche a la mañana, y tampoco el remedio será de la noche a la mañana. Dios está en los negocios de la sanidad y de la libertad. Ya lo ha hecho antes; ¡El también lo va a hacer en tu vida!

Tus ojos, oídos, y boca, son puertas al alma. Mantente en guardia.

Sobre toda cosa guardada, guarda tu corazón; porque de él mana la vida.

Proverbios 4:23

UN LUGAR QUE PUEDES LLAMAR TU HOGAR

¿Qué debo hacer? Hace como un año algo horrible pasó en mi antigua iglesia, así que decidí dejar de asistir. Quise volver a la normalidad y encontrar la cercanía que sólo viene de la familia que es la iglesia. El problema es el siguiente, he visitado diez iglesias, pero no puedo encontrar una que se sienta como un "hogar." Siento que no pertenezco a ningún lugar. Esto me está empezando a molestar porque ya no siento la presencia de Dios, y nada de lo que hago parece ayudarme a acercarme a Él otra vez.

Estoy impresionado por tu interés de encontrar una iglesia con la que te puedas comprometer. Y comprometerse a una iglesia es muy importante. De hecho, Cristo llama a la Iglesia su esposa, así que obviamente Él le da un lugar muy importante a la iglesia. (Lee 2 Corintios 11:2 y Efesios 5:23-32.) Nuevamente, te quiero felicitar por tu deseo de comprometerte totalmente a un cuerpo de creyentes.

No tengo idea de que es la horrible cosa que aconteció en tu antigua iglesia, así es que es imposible que yo sepa que tan severo fue el problema. Pero mucho puede cambiar en un año. Al menos ¿tendría sentido visitar tu antigua iglesia, sólo para ver si las cosas han mejorado? Sé que tal vez no sea fácil regresar. Tal vez tengas que trabajar arduamente para poder perdonar a los responsables de cualquiera que haya sido responsable de lo que aconteció. Aun así, si se ve adecuado, tal vez puedas regresar.

Si el regresar a tu antigua iglesia es imposible, entonces te animo a que continúes buscando. También te animo a que a cada iglesia que visites le des una oportunidad. Los expertos dicen que por lo general se necesitan unos dos años para sentirse completamente a gusto en una congregación. A continuación podrás ver cuatro cosas que debes de pensar mientras estés buscando una iglesia:

Ninguna iglesia es perfecta, y ninguna iglesia será totalmente igual a tu antigua iglesia. Te aconsejo que hagas una lista de las cosas más importantes, que estés buscando en una iglesia y para que así la nombres tu hogar. Ten cuidado, no trates de encontrar la iglesia perfecta. Tal iglesia no existe afuera del cielo.

Busca el consejo de tus amigos cristianos. A veces la gente que te conoce bien puede tener una idea de que clase de iglesia quieres y necesitas. Escucha sus consejos. ¿Eres parte de algún cristiano de tu escuela? Si así es, entonces habla con el líder de tu club. también, no dijiste nada de tu familia. Espero que estés tratando de solucionar esta situación junto con ellos. Si tus padres son cristianos, necesitas su apoyo y su guía en este asunto. Y si es posible, deberían buscar una iglesia juntos.

Ora por la dirección de Dios y el discernimiento. Definitivamente Él quiere que lo adores regularmente con una congregación de creyentes. así que pídele su dirección en tu búsqueda.

Asegúrate de tratar de edificar tu propia relación con Dios. Dices que no te sientes cerca de Dios en estos momentos. Aun si el sentimiento no está allí, no te apartes de tu estudio personal de la Biblia y de la oración. Sigue hablando honesta y abiertamente con Dios y permítele que te hable por medio de su palabra. Lee los pasajes que te traen esperanza y consuelo. El libro de los Salmos es un buen lugar para empezar. También, encuentra un buen amigo cristiano con el que puedas platicar. Ora con este amigo y busca su consejo cuando batalles con tu fe.

Déjame darte un consejo más acerca de la iglesia- de hecho no es un consejo original. El filósofo Søren Kierkegaard dijo que cuando asistas a la iglesia nunca te preguntes "¿Cómo estuvo?" mas bien cuando se termine el servicio, deberías preguntar "¿Cómo lo hice?" En otras palabras, cuando asistimos a la iglesia debemos participar activamente en el servicio y no ser solamente espectadores. Con eso en mente, espero que pronto encuentres una iglesia a la que puedas llamar tu hogar.

El amor incondicional trae todas las comodidades y el consuelo de un hogar.

De quien todo el cuerpo, bien concertado y unido entre sí por todas las coyunturas que se ayudan mutuamente, según la actividad propia de cada miembro, recibe su crecimiento para ir edificándose en amor.

Efesios 4:16

BRILLANTE

¿Se supone que debo ser una "Chica-buena-onda"? Soy responsable, formal, amistosa y madura, pero soy muy aburrida. No creo que la gente en mi escuela piense de mí como una fracasada; pero solamente soy Susan, la niña buena, cristiana y agradable.

De hecho, ¡Suenas genial! Quisiera que hubiera más personas como tú en el mundo. Aun así, puedo ver por que dices eso; a nadie le gusta ser aburrido. Creo que el problema esta en cual es tu definición de aburrido. En mi opinión, aburrido es lo último a que suenan las palabras como responsable, formal, amistosa y cristiana.

Me recuerdas a Kendra, una estudiante que estaba en un grupo de jóvenes que pastoreé. Aunque un líder de jóvenes no se supone que deba tener favoritos, debo admitirte que Kendra era y siempre será especial para mí. Ella era responsable, formal, amistosa y cristiana comprometida profundamente. ¿Te suena familiar? Ella era líder en mi grupo de jóvenes y tenía muchas amistades y todo mundo la respetaba. También se quedó sentada en su casa en el baile de graduación porque a todas las muchachas las "invitaron" menos a ella. Aun recuerdo la larga y deprimente plática que tuvimos porque nadie la invitó a salir. Francamente, mis líderes de jóvenes y yo no sabíamos que hacer. En nuestra opinión ella era la cita perfecta para cualquier evento social. Aunque le dije mi opinión, no fue grande mi ayuda porque de todas maneras se quedó sola en esa noche tan especial.

Después de su graduación de la preparatoria, Kendra se fue a estudiar a una universidad cristiana donde se volvió muy popular pero aun así no tuvo muchas citas. Al igual que tú se pudo haber descrito a sí misma como una chica aburrida. Pero no creo que nadie más la haya considerado así. Las decisiones que ella tomaba en su vida espiritual y su estilo de vida eran verdaderamente de inspiración y muy emocionantes. En la graduación de su universidad fue nombrada La Mujer Mas Inspiradora del año.

Luego, en un viaje misionero, conoció a Mark y se enamoraron. En algunas sesiones de consejo prenupcial que tuve con ellos le pregunté a Mark, "¿Qué fue lo que te atrajo a Kendra?" Su respuesta fue reveladora, "Nunca había conocido yo a una persona tan increíble y fascinante. Su fe tan profunda, formalidad, responsabilidad, y su comportamiento tan amistoso es más de lo que nunca soñé en una mujer. Ella aporta tantas cosas a nuestra relación y hay muy pocas cosas negativas en ella. Es una persona tan amorosa y fiel que diariamente veo a Cristo en su vida."

Al decir él todas estas cosas, sentí como mis ojos se me llenaban de lágrimas. La fidelidad y devoción de Kendra ahora eran recompensadas con una relación tan maravillosa. Kendra es hoy una esposa, madre y líder excepcional en la iglesia. Es la mujer de Proverbios 31. (Lee este pasaje y ve si no te familiarizas con esta mujer.) Yo no creo que hoy en día ella piense que es aburrida, o de que no la inviten al bailable.

Aquí están mis palabras de ánimo para ti: Mantén siempre tus valores. Sigue trabajando en tu fidelidad, el resultado será una vida muy lejos de ser aburrida.

Tú eres una maravilla resplandeciente en los ojos de nuestro creador.

VOSOTROS SOIS LA LUZ DEL MUNDO; UNA CIUDAD ASENTADA SOBRE UN MONTE NO SE PUEDE ESCONDER.

MATEO 5:14

MANTENIENDO LA PAZ

Si tienes problemas llevándote con tus padres y eres grosero con ellos, ¿Significa que eres cristiano? Yo soy un cristiano sólido y en verdad quiero probar que mi fe es correcta. También he memorizado muchos versículos de la Biblia. Pero tengo un gran problema. No me llevo bien con mis padres. Discutimos constantemente. A veces pienso que no me aman, y me pregunto si se interesan más en mi hermana menor, "La excelente." Me han dicho que yo no escucho lo que la Biblia dice, que aparento ser cristiano pero en realidad no lo soy porque me peleo con ellos. ¿Es cierto eso?

Discutir con tus padres tiene muy poco que ver en si eres o no cristiano. Romanos 10:9-10 nos dice, "Que si confesares con tu boca que Jesús es el Señor, y creyeres en tu corazón que Dios le levantó de los muertos, serás salvo. Porque con el corazón se cree para justicia, pero con la boca se confiesa para salvación." Si le has pedido sinceramente a Jesucristo que perdone tus pecados y le has invitado a vivir dentro de ti, entonces eres cristiano. Ahora que ya hemos definido eso, veamos tu relación con tus padres.

Es muy normal tener discusiones con tus padres. Mientras que cambias de dependiente a independiente, tú, como todos los adolescentes, vas a tener momentos de tensión con tus padres. Viene incluido en el paquete de la adolescencia. Sin duda tus padres también deben de trabajar en el área de la relación contigo. Y puede que tal vez, en algunas ocasiones, favorezcan a tu hermana. Pero como tú eres quien escribió la carta déjame y me enfoco más en ti. Parte de vivir la vida cristiana es tratar de vivir en armonía con la mayor cantidad de gente posible, y eso, definitivamente, incluye a tus padres.

Una de las áreas más importantes de tu crecimiento cristiano es tratar lo mejor que puedas, con la ayuda de Dios, de obedecer a tus mamá y papá. En tan solo unos cuantos años más, te vas a ir de tu casa y vas a empezar a tomar decisiones por ti mismo. Por ahora, regresemos a la intensidad de tu hogar y muéstrales honra. Esto no significa que tienes que estar de acuerdo con todo lo que te dicen. Pero significa que les vas a mostrar respeto y obediencia sometida a Dios. No tienes que ser perfecto. Pero como un cristiano en crecimiento, deberás de hacer lo mejor que puedas en esta área en particular. Y es casi seguro que menos conflictos en la casa más feliz van a estar todos. Así que trata de honrar a tus padres. Si lo haces, Dios promete hacer algo muy bueno de esa situación.

Un testimonio verdadero a un espíritu maduro es el nivel de influencia que uno tiene para mantener la paz con los que le rodean.

HONRA A TU PADRE Y A TU MADRE, PARA QUE TUS DÍAS SE ALARGUEN EN LA TIERRA QUE JEHOVÁ TU DIOS TE DA.

ÉXODO 20:12

UNA CONTINUA PRESENCIA POSITIVA

¿Cómo puedo ayudar a mi amiga a que mantenga su fe? Su papá tiene un tumor incurable en el cerebro. Mi amiga siempre ha sido una cristiana fuerte, pero ahora está teniendo toda clase de dudas. Está muy enojada con Dios. Le grita y maldice por haberle arruinado la vida.

Tu amiga está experimentando algo muy normal: Dolor. El dolor es nuestra respuesta al dolor y la tragedia. Y cada persona se acongoja de diferentes maneras. Cuando mi mamá murió no me enojé contra Dios, pero tuve un sentimiento de tristeza que no podía soportar. Otros en mi familia si se enojaron y como tu amiga se enojaron contra Dios.

Sólo porque tu amiga está enojada con Dios no significa que va a estar enojada con Dios para siempre. Lo último que necesita es que alguien le diga que sus sentimientos son malos, o que Dios ya no la va a amar si lo maldice. Ya de por sí tiene muchas cosas con las que está tratando sin percatarse si está haciendo algo mal.

En cambio, tu amiga necesita ver el amor de Dios por medio de ti. Ahora es el momento en que literalmente seas las manos, brazos y la boca de Dios. Mientras que ella se ocupa con el dolor del tumor cerebral de su padre, ella necesitará alguien como tú que simplemente la escuche, y que sea una presencia cristiana, consistente y positiva.

Puede ser muy difícil escuchar a alguien culpar a Dios y gritarle, pero honestamente yo creo que Él puede aguantar. Lee el Salmo 22, donde David le grita a Dios en angustia, preguntándose por qué

Dios no lo rescata de su dolor y desprecio. Si Dios puede aguantar el coraje de David, Él también puede aguantar el coraje de tu amiga. También creo que Dios entiende el coraje de tu amiga. Dios sabe lo que se siente perder a un ser amado. Recuerda, el vio morir a su único hijo en una cruz.

Así que sé un ejemplo viviente del cuidado y la ternura de Dios para con tu amiga. Ámala, escúchala, ora por ella, y ojalá que ella encuentre consuelo en el amor de Dios.

Sé las manos, brazos y voz de Dios.

PORQUE TODA LA LEY EN ESTA SOLA PALABRA SE CUMPLE: AMARÁS A TU PRÓJIMO COMO A TI MISMO.

GÁLATAS 5:14

LA VERDAD SIN RESERVAS

YO CREO

¿Puedes ayudarme a saber qué decir cuando alguien me pide que le pruebe que Dios es real? Soy cristiano pero todo lo que les puedo decir es que lo creo con todo mi corazón.

No quiero parecer muy franco, pero no creo que se pueda comprobar que Dios es real. Hay quienes pueden no estar de acuerdo conmigo, pero a Dios no se le descubre con alguna formula científica o con el método científico. Francamente, la mejor "evidencia" de la existencia de Dios se encuentra en algo que tú dijiste en tu carta: "lo creo con todo mi corazón." Tu experiencia personal con Dios es tu "prueba" de que Él existe.

En vez de entrar en argumentos intelectuales con tus amigos, diles por qué crees y qué es lo que Dios está haciendo en tu vida. Ellos pueden discutir que Dios en realidad no hizo el universo en seis días, pero no pueden discutir lo que tú has experimentado.

Esto no significa que los cristianos deben ser ignorantes y crédulos. Tampoco significa que debemos cerrarnos a las verdades intelectuales que demuestran la existencia de Dios. La Biblia nos dice que debemos de "usar bien la palabra de verdad" (2 Timoteo 2:15). Y 1 Pedro 3:15 dice, "Estad siempre preparados para presentar defensa con mansedumbre y reverencia ante todo el que os demande razón de la esperanza que hay en vosotros."

Así que con amabilidad y respeto anima a tus amigos a que investiguen la fe cristiana mirando la vida de Jesús. La Biblia dice que Jesucristo es la "Imagen del Dios invisible" (Colosenses 1:15). Entre más aprenda la gente acerca de Jesús, obtendrán mejor entendimiento del amor, la creación y el poder de Dios.

Cuando era un joven creyente, empecé a tener dudas de la existencia de Dios. Para mí, un estudio exhaustivo que probara la resurrección me ayudó no sólo a creer en Dios en mi corazón sino también en mi mente. Creí que Dios había creado el mundo, y que después vino al mundo en la persona de Jesucristo. Murió y tres días después resucito de entre los muertos. Por el hecho de su vida y resurrección, estoy convencido para siempre que Dios existe, y que Él no solamente creo el mundo, pero que también decidió redimir a los pecadores como tú y yo para que podamos vivir toda la eternidad con Él. No solamente acepto estas creencias intelectualmente, también las creo porque las he experimentado.

Un momento en intimidad con Dios erradica las dudas de su existencia.

Yo soy el Alfa y la Omega, el principio y el fin, el primero y el último.

Apocalipsis 22:13

UNA BATALLA QUE HAY QUE GANAR.

Si soy cristiano, ¿entonces por qué me encuentro haciendo cosas pecaminosas casi todos los días? Me siento como un gran hipócrita, sobre todo cuando le digo a la gente que soy cristiano pero después hago cosas pecaminosas. ¿Cómo puedo dejar de hacer estas cosas tan malas para vivir en plenitud como Dios quiere que viva?

De hecho estás en buena compañía. La mayoría de los cristianos que conozco se pueden identificar contigo. De hecho, el apóstol Pablo tenía el mismo problema que acabas de describir. En Romanos 7:15-25, Pablo describe la gran batalla entre el espíritu y la carne cuando escribe, "Porque lo que hago, no lo entiendo; pues no hago lo que quiero, sino lo que aborrezco, eso hago" (v. 15).

En esta porción, la cual recomiendo que leas, Pablo es bien honesto acerca del poder del pecado sobre su vida. Al final de sus pensamientos, simplemente pregunta, "¡Miserable de mi! ¿Quién me librará de este cuerpo de muerte?" Su respuesta es tu respuesta. "Gracias doy a Dios, por Jesucristo Señor nuestro" (v. 25). Pablo reconoce la batalla en la que se encuentra, y reconoce que Jesús ha pagado el precio por los pecados contra los que él pelea.

Déjame y te cuento una historia que resume nuestra batalla contra el pecado. Un hombre fue a hablar con su pastor a causa de un sueño que repetía a menudo. Dijo, "Casi cada noche tengo el mismo sueño, un gato blanco y un gato negro siempre están peleando." El pastor preguntó, "¿Quién es el que gana más seguido?" El hombre le contestó, "Al que le doy de comer más." Si alimentamos más al espíritu, viviremos más del espíritu. Si alimentamos más a la carne, el espíritu pierde.

Vuelve a leer las palabras de Pablo que están en esta respuesta, y haz un compromiso de decidir cada día agradecerle a Dios por su presencia en tu vida. Entonces haz todo lo que puedas por vivir en el espíritu.

Hablando prácticamente, te aconsejo que cuando te sientas oprimido por el sentimiento de hipocresía, que hables con tu pastor o con un alguien con quien puedas estar a cuentas. Una persona con la que puedas estar a cuentas es alguien en quien puedes confiar, alguien con quien puedas ser honesto acerca de tus luchas y pecados. Tan sólo con tener alguien con quien estar a cuentas puede ayudarte a estar en la dirección correcta. También te puede mostrar la gracia y perdón de Dios cada vez que compartas tu vida con él o ella.

Aprecio tu anhelo de querer vivir totalmente para Dios. El deseo de arrepentirte y el lamento sobre tus pecados definitivamente te ayudará a lograr ese anhelo. Y la gracia y el perdón de Dios te ayudarán a entender que Dios te ama aunque cometas errores.

Decisiones dirigidas por el Espíritu producen
una vida dirigida por el Espíritu.

PORQUE TODOS LOS QUE SON GUIADOS POR EL ESPÍRITU DE DIOS, ÉSTOS SON HIJOS DE DIOS.

ROMANOS 8:14

UNA NUEVA PERSPECTIVA

¿Puedes ayudarme a saber qué decir cuando alguien me pide que le pruebe que Dios es real? Soy cristiano pero todo lo que les puedo decir es que lo creo con todo mi corazón.

No, no te tienes que aislar del mundo. Pero creo que podemos aislar nuestros pensamientos impuros para que no nos controlen. Un pasaje de la Escritura que me ha ayudado es 1 Corintios 6:18-20: "Huid de la fornicación. Cualquier otro pecado que el hombre cometa, está fuera del cuerpo; mas el que fornica, contra su propio cuerpo peca. ¿O ignoráis que vuestro cuerpo es templo del Espíritu Santo, el cual está en vosotros, el cual tenéis de Dios, y que no sois vuestros? Porque habéis sido comprados por precio; glorificad, pues, a Dios en vuestro cuerpo y en vuestro espíritu, los cuales son de Dios."

A esto le llamo respecto radical- no sólo por ti mismo, sino por las muchachas en las que estás pensando. Cuando soy tentado a dejar que los pensamientos de mi vida se salgan de control, recuerdo que la persona en la cual estoy pensando es criatura de Dios.

Algunas personas que tienen problemas con pensamientos impuros no han hecho lo suficiente por mantener material sexualmente explícito fuera de sus mentes y de su vista. Es la moraleja de "basura entra/ basura sale." Si metes imágenes y pensamientos impuros en tu vida, entonces las imágenes y pensamientos impuros van a aflorar. Esto significa que no debes escuchar o ver material sexualmente explícito por la Internet, el cine, la tele, discos compactos, o revistas.

Tienes que vivir aun en un mundo de tentaciones, pero puedes aislar tu mente, cuerpo, y espíritu de tanta impureza como sea posible, principalmente al enfocarte en cosas que son buenas y puras. (Lee Filipenses 4:8)

También te recomiendo un libro llamado La batalla de todo joven: Estrategias para la victoria en un mundo real de tentaciones sexuales escrito por Stephen Arterburn y Fred Stoeker (Waterbrook). Este libro está lleno de consejos buenos y prácticos.

La Biblia trae transformación
y tus pensamientos se van por la ventana.

No os conforméis a este siglo, sino transformaos por medio de la renovación de vuestro entendimiento, para que comprobéis cuál sea la voluntad de Dios, agradable y perfecta.

Romanos 12:2

UNA IMAGEN MÁS POSITIVA DE TI MISMA

¿Puedes ayudarme a saber qué decir cuando alguien me pide que le pruebe que Dios es real? Soy cristiano pero todo lo que les puedo decir es que lo creo con todo mi corazón.

Estoy preocupado por ti. Aunque nunca te he visto, supongo que tus amigos y tu familia te están diciendo la verdad. Las estadísticas médicas indican que el peso saludable de una adolescente de tu tamaño es entre 144 y 189 libras. Como estás significativamente debajo de la medida, un médico te dirá que estas demasiado delgada. En esta situación favorezco a tus padres; yo te llevaría al médico pronto.

Se de mucha gente que ama a Jesús pero se odian a sí mismos. Algunas de esas personas tienen lo que se llama un desorden alimenticio. Una de cada cinco mujeres en algún momento de su vida batallan con un desorden alimenticio, por lo general es uno de los siguientes:

La anorexia nerviosa literalmente significa "perdida del apetito a causa de los nervios." Es un desorden alimenticio que se produce por una imagen mental distorsionada del cuerpo. El consumo inadecuado de calorías lleva a una severa pérdida de peso. Algunos de los síntomas son el rehusarse a comer o a comer sólo en pequeñas proporciones, ejercicio en exceso, y un temor intenso de engordar que no disminuye aunque la persona continúe perdiendo peso.

- La bulimia es una enfermedad caracterizada por episodios descontrolados de comer en abundancia los cuales son seguidos por vómito ocasionado por uno mismo o purgas. Algunos síntomas son constante sube y baja de peso, y problemas con la garganta, el esófago, el estómago, o el colon.

- El desorden de alimentación compulsivo está caracterizado por comer a causa de estrés para satisfacer el hambre emocional en vez del hambre física. Esta condición trae como resultado el comer de más y esto a la vez el sobrepeso. Algunos de estos síntomas incluyen cambios entre comer compulsivamente y dietas rigorosas, tratar de vomitar, y sentirse fuera de control con la comida.
- Puede que también tengas una condición médica la cual te esté causando que pierdas peso.

Esto es lo que yo te recomiendo: Obedece a tus padres en esta ocasión. Ve a ver al doctor de la familia, dile exactamente cómo te sientes acerca de ti misma y pídele que te examine. El doctor puede referirte a un consejero, o a un nutricionista. La Biblia es bien clara que donde no hay consejo el pueblo perece, pero en la multitud de consejeros hay seguridad (Proverbios 11:14). Si tienes un desorden alimenticio no esperes a pedir ayuda. Solamente empeorara la oportunidad de corregir la imagen negativa de ti misma.

Confía en aquellos que Dios ha puesto en tu vida para ayudarte a construir una imagen más positiva de ti misma

Escucha el consejo, y recibe la corrección, para que seas sabio en tu vejez.

Proverbios 19:20

LA VERDAD SIN RESERVAS

PASIONES COMUNES

Soy muy amistoso, pero ¿cómo puedo ir más profundo con aquellos que no conocen a Cristo? Tengo muchas amistades cristianas, lo cual pienso que es importante, pero también quiero decirle a gente que no es cristiana acerca de Jesús. Mi problema es que no tengo muchos amigos que no son cristianos.

Agradezco tu celo y pasión por compartir tu fe. Cuando comencé a ser cristiano y empecé a hablarles a los que no eran cristianos, alguien me dijo que necesitaba "ganarme el derecho de ser oído." Las relaciones con los no cristianos se construyen de la misma manera como con los cristianos. Encuentra intereses comunes y áreas de sus vidas con las que te puedas identificar con ellos. Yo he descubierto que puedo empezar a relacionarme con gente que no es cristiana por medio de algún pasatiempo, deporte o pasiones comunes.

A la vez que empiezas a tener una amistad más profunda, el compartir tu fe será completamente natural. Si los no creyentes creen que te estás haciendo sus amigos solamente para compartir tu fe, frecuentemente no se van a interesar en lo que tienes que ofrecerles. Una pregunta que me hago a mí mismo es "¿Cuál es la necesidad más grande de tu amigo no creyente? ¿Necesita un buen oyente? ¿Un compañero de estudios? ¿O es simplemente alguien que se siente a comer a la hora de lonche con él o ella?" Muchas personas son más receptivas a las cosas espirituales en el punto de su necesidad. Encuentra sus necesidades y ayuda a llenar el vacío.

Cuando encuentras el punto donde una persona es apasionada, entonces has encontrado la puerta de su corazón.

**EN ESTO CONOCERÁN TODOS QUE SOIS MIS DISCÍPULOS,
SI TUVIEREIS AMOR LOS UNOS CON LOS OTROS.**

JUAN 13:35

DECIDA HACER LO MEJOR

Si Jesús tomó vino, entonces ¿está bien que los cristianos consuman bebidas alcohólicas? Tengo un amigo que piensa que está bien beber, pero no emborracharse.

Tu amigo tiene la razón en la parte de no emborracharse. La Biblia advierte: "No os embriaguéis con vino, en lo cual hay disolución; antes bien sed llenos del Espíritu" (Efesios 5:18). Lo que Pablo dice aquí tiene mucho sentido. Tú no puedes andar y vivir en el Espíritu y estar intoxicado a la vez. Cuando la gente se emborracha, no están en control de sí mismos. El alcohol está en control.

Yo vengo de una familia con tendencias hacia al alcohol. Creo que hay una inclinación biológica a caer en el alcoholismo. Eso significa que si tienes parientes que son alcohólicos, entonces tienes más probabilidades de que te conviertas en uno. Tu cuerpo puede reaccionar al alcohol de diferente manera a una persona que no tiene ese historial en su familia. Yo he decidido no beber. Mis razones principales son tres, y se llaman Christy, Rebecca, y Heidi- mis hijas. Si me ven beber una copa de cerveza, vino o champaña en una boda, van a pensar, Papá bebe, entonces yo también. Si así fuese se de mala forma se darían cuenta de que a sus cuerpos se les antojan y reaccionan al alcohol de manera diferente a como otras personas lo hacen.

Pero aun si el alcoholismo no hubiera sido un problema en mi familia, yo me preocuparía estar dando un mal ejemplo. Soy el líder de una organización cristiana que ayuda a los adolescentes; ¿qué pensaría la gente si me vieran con una cerveza? Inclusive si solo fuera una cerveza, estaría yo dando la impresión equivocada a muchas personas. Como cristianos, debemos pensar en como nuestros actos afectan a la gente que nos mira. Alguien siempre está mirando.

No dijiste que edad tienes. Si eres menor de veintiún años, entonces es más claro: es en contra de la ley que bebas alcohol, y punto. Si alguien sigue a Jesús entonces está obligado a obedecer las leyes. En lo personal, yo pienso que la ley de no permitir a la gente beber sino hasta los 21 años es una de las piezas más importantes de la legislación para proteger a los jóvenes de muchos peligros. Hay muchos problemas que ocurren en las vidas de los adolescentes a causa del alcohol. Estos problemas pueden arruinar el resto de sus vidas.

Ronda era una de mis líderes estudiantiles en mi grupo de jóvenes; una noche manejó borracha de una fiesta. Hoy, ella está muerta, también los niños y la mamá que venía en la van con la que se estrelló esa misma noche. Y eso es sólo un ejemplo.

Ahora para contestar la otra parte de tu pregunta. Tienes razón. Jesús bebió vino -en eventos especiales como durante las bodas- pero nunca se emborrachó. No tengo problema si un adulto (mayor de veintiún años) se tome un vaso de vino o cerveza. Pero sí tengo un problema con las borracheras. Yo he escogido no beber alcohol y me impresiona ver a tantos adolescentes (y a sus padres) que valientemente toman la decisión de no tomar.

Tu reputación es como una ecuación matemática- suma o resta exactamente a lo que añadas o sustraigas.

EL VINO ES ESCARNECEDOR, LA SIDRA ALBOROTADORA, Y CUALQUIERA QUE POR ELLOS YERRA NO ES SABIO.

PROVERBIOS 20:1

ESTILO INDIVIDUAL

En la escuela, me consideran un darky o gótico por la forma en la que me visto. La gente juzga mi apariencia y no creen que sea cristiano. ¿Tienes algún consejo de cómo puedo demostrar mi fe sin tener que dejar de vestirme como me visto?

Sea o no tu intención, tu decisión de vestirte de darky o gótico, desafortunadamente, la gente te va a estereotipar. Por el hecho de que te vistes en este estilo, te van a juzgar por aquellos que tienen en mente a Marilyn Manson, los asesinos de Columbine, y otros que la farándula les ha presentado. ¿Puedes ser cristiano y aun vestirte así? Yo creo que sí.

Sólo recuerda estas dos cosas: La gente te va a juzgar por como te vistes. Y como cristiano debes analizar tus motivos de por que te vistes así. Mi recomendación es que te enfoques en tu relación con Jesús y que le dejes moldearte en la persona que Él quiere que tú seas. Mantente dispuesto a la posibilidad de hacer algunos pequeños ajustes a la forma en la que te vistes.

Hay quienes dicen: "No juzgues a un libro por su cubierta," aun así muchos levantan un libro para hojear porque su pasta les llamó la atención.

ADÓRNATE AHORA DE MAJESTAD Y DE ALTEZA, Y VÍSTETE DE HONRA Y HERMOSURA.

JOB 40:10

CONSTANTE EN LA ORACIÓN

¿Cómo puedo ayudar a mi amiga? El verano pasado conocí a una muchacha inconversa en un campamento, y nos volvimos amigas. Ella venía de un hogar en pedazos y había estado involucrada con unas amigas que practicaban la brujería. Mi grupo de jóvenes y yo oramos por ella y le ministramos por medio de nuestras propias vidas. Finalmente, aceptó a Cristo como su salvador. Seguimos orando por ella y motivándola. Parecía que iba creciendo en su fe, pero recientemente las cosas se pusieron peor porque regresó a la brujería y a la hechicería. Es mi amiga, y quiero ayudarla. Sólo que no sé como hacerlo. A veces siento como que orar solamente no es suficiente.

Tu amiga parece que es una persona confundida y con muchos problemas. Tu amor y cuidado por ella harán una gran diferencia. La brujería es una religión muy poderosa entre los jóvenes. Muchos que pasan por la brujería también exploran distintas formas de hechicería. Mi sugerencia es que sigas orando por ella y mostrándole el amor de Cristo, el cual la trajo al Señor por medio de tu grupo de jóvenes.

El error que muchos cristianos cometen es que cuando ven a alguien como tu amiga dejar su fe y moverse a una religión de la brujería, o se rinden o la critican. Jesucristo murió por tu amiga y la ama al igual que a cualquier otra persona en tu grupo de jóvenes. Así que sigue orando por ella y mostrándole tu amor.

Dos libros que te pueden ayudar a comprender mejor a tu amiga- y tal vez ayudarte a rescatarla- son… INFO.

Un retrato del amor de Dios es una oración al cielo por la vida de tu amiga.

Perseverad en la oración,
velando en ella con acción de gracias.

Colosenses 4:2

LA VERDAD SIN RESERVAS

NO PIERDAS ESOS MOMENTOS

¿Estoy demasiado comprometida? El año que viene es mi graduación y quisiera abarcar más. Voy a tener dos clases en la universidad local, y el resto de mis clases son de conocimientos avanzados. También voy a ser parte de un grupo voluntario, posiblemente la presidenta del club de dramas, y estoy editando el periódico de mi escuela. Encima de todo eso, tengo un trabajo donde trabajo por treinta y cinco horas a la semana. Estoy emocionada porque voy a hacer todas estas cosas, pero también tengo miedo. Quiero comprobar qué puedo tener éxito haciendo todas estas cosas porque siento que todo esto me ayudará a hacer cosas grandes para Dios. Pero estoy preocupada de que no pueda con todo esto.

¡Me cansé solo de leer tu carta! Cada actividad que mencionaste es muy buena. No estoy cuestionando tus motivos, lo que me preocupa es tu método. Creo que estas haciendo más de lo que puedes aguantar. Si tratas de lograr cada una de tus metas en tu año de graduación, entonces me he de preocupar en que te vayas a desgastar.

Uno de mis buenos amigos me mandó una nota muchos años atrás que simplemente decía: "Si el diablo no te puede convertir en alguien malo, entonces te puede convertir en alguien muy ocupado." No te ocupes demasiado haciendo cosas buenas a tal punto que pierdas el gozo de celebrar tu año de graduación. Eugenio Paterson escribió una buena paráfrasis del Nuevo Testamento cuyo nombre es El Mensaje. Una parte de Romanos 9 que habla de buenas personas está parafraseada así: "Están tan absortos con sus 'Proyectos de Dios' que no se fijaron que Dios estaba delante de ellos, como una piedra enorme en medio del camino. Por eso se tropezaron con Él y se fueron de bruces." Aquí vemos gente buena que tenía buenos motivos pero malos métodos. Porque escogieron estar tan ocupados en la obra de Dios que no tuvieron tiempo para Dios.

Sería mejor mantener el enfoque y escoger menos cosas y que tales sean buenas cosas en contraste a estar sobre comprometida y fatigada todo tu año de graduación. Muchos de nosotros tratamos de vivir nuestra fe al 125 por ciento, y dejamos poco o nada de espacio para las interrupciones inesperadas de la vida. Por ejemplo, durante tu año de graduación vas a estar buscando la universidad a la que pronto asistirás. ¿Y qué si te encuentras algún novio, te invitan a ser una líder en tu grupo de jóvenes en la iglesia, o algo le pasa a alguna amiga que necesite de ti?

Obviamente tú tienes un a actitud muy determinada. La mayoría de la gente exitosa tiene este carácter. De todas formas, si no aprenden a decir no a algunas de las excelentes oportunidades y construyen un límite en sus vidas, entonces se volverán en perfectos candidatos para el cansancio y enfermedades de estrés. La gente se compromete de más porque reciben buenos reportes de las cosas que hacen. O a veces la gente se llena de compromisos porque tienen una imagen baja de sí mismos o están tratando de reprimir inconscientemente algún dolor que tengan manteniéndose ocupados.

No te estoy diciendo que elimines ninguna de tus metas que te has propuesto para tu año de graduación. Simplemente te estoy desafiando a que reconsideres todo lo que vas a hacer y te preguntes: "¿Tengo espacio para un margen en mi vida?" (El margen es el espacio en nuestra vida en medio de nuestras cargas y nuestros límites.) Aquí está un mensaje maravilloso del Hermano Jeremías cuando estaba reflexionando en sus gran número de años en el servicio cristiano que le recuerdan a la actitud determinada que hay en mí a poner mis prioridades en su lugar.

"Si pudiera vivir mi vida otra vez, intentaría cometer más errores. Me relajaría. Me soltaría. Sería menos serio que como fui durante mi viaje. Sé de muy pocas cosas que tomaría en serio. Viajaría más. Escalaría más montañas, nadaría más ríos, y vería más puestas del sol. Caminaría y vería más; comería más nieve y menos frijoles. Tendría más problemas reales que imaginarios.

"Veras, soy una de esas personas que viven bajo protección, sensiblemente, y cuerdamente, hora tras hora, día a día. O he tenido mis ratos, y si tuviera que hacerlo todo otra vez tendría más de ellos. No buscaría nada más. Sólo momentos, uno tras otro, en vez de vivir tantos años hacia delante cada día. Soy de aquellos que nunca van a ningún lugar sin un termómetro, una botella con agua caliente, gargarear, un traje para la lluvia, aspirina y un paracaídas. Si lo tuviera que hacer todo otra vez, viajaría con menos equipaje que como he viajado.

"Si tuviera mi vida de nuevo para vivirla otra vez, empezaría descalzo mas temprano en la primavera y duraría así mas tiempo durante el otoño. Jugaría más. Me subiría a más carruseles. Recogería más flores de margarita."

Toma un descanso —un día, una hora un momento — para hacer cosas que te diviertan, y nada que sea aburrido.

Me mostrarás la senda de la vida; en tu presencia hay plenitud de gozo; delicias a tu diestra para siempre.

Salmo 16:11

EL VALOR PARA COMPARTIR

¿Qué debemos hacer mi madre y yo? Tengo dieciocho años, y mis padres tienen una relación terrible. El odio del uno al otro me está cansando física y espiritualmente. Mi madre es cristiana, y mi padre es musulmán, así que no puedo hacerlos que vean del mismo modo cosas como el perdón. Él nunca nos ha golpeado, pero se enoja tanto que empieza a tirar y golpear cosas y grita profanidades.

Estás en una situación difícil. Y estás en lo cierto; el odio, la furia, y la falta del perdón en verdad llevan un gran precio en nosotros tanto físicamente como espiritualmente. Les recomiendo a ti y a tu mamá que busquen el sabio consejo de algún consejero familiar en su localidad.

Parece que estás tomando el lado de tu mamá en estos conflictos. Aunque te comprendo en eso, es mejor que te mantengas fuera de sus conflictos- a excepción que sientas que tu mamá esta en peligro de daño físico.

Ambas necesitan un sistema de apoyo para ayudarles a cambiar el modelo de comportamiento en la familia. Es posible que puedan encontrar la ayuda que necesitan en su iglesia. Tu papá también se puede beneficiar del ambiente de una iglesia cristiana que es amorosa y perdonadora.

Aun si tus padres no buscan ayuda, te insisto que busques alguien en quien puedas confiar. Encuentra a alguien que pueda ayudar a no repetir los errores de tus padres, para que así, el ciclo disfuncional no pase a la siguiente generación. Y trabaja duro para vivir una vida que le dé honra a Dios.

Conozco a una mujer que venía de una familia muy parecida a la tuya. Tenía dieciocho años cuando fue a una universidad cristiana, donde encontró otra manera de vivir y decidió que no iba a comportarse como sus padres. Hoy está felizmente casada con un obrero de juventud cristiana, y sus hijos no tienen que enfrentarse todos los días con los problemas que ella tuvo que enfrentar cuando era niña. Mi amiga decidió dar su vida por completo a Dios y trabajar duro para sobreponerse de las cicatrices de su infancia. Tú tienes la misma oportunidad. Va a requerir un gran esfuerzo pero en el final va a valer la pena.

Finalmente, nunca dejes de orar por tus padres. Dios es un Dios de milagros.

Tus cargas son más livianas cuando las compartes con un amigo.

El Espíritu del Señor está sobre mí, por cuanto me ha ungido para dar buenas nuevas a los pobres; me ha enviado a sanar a los quebrantados de corazón; a pregonar libertad a los cautivos, y vista a los ciegos; a poner en libertad a los oprimidos; a predicar el año agradable del Señor.

Lucas 4:18-19

ALCANZANDO CON LA MANO DE AMOR

Cuando me mude, ¿hay algo que yo pueda hacer para ayudar a mi hermana? Me voy a vivir en su misma ciudad en el otoño, y estoy preocupada por su relación con Dios. Ella es la única persona en mi familia que no es cristiana. Ella está en la carrera de antropología y un día empezó a asistir a una iglesia cerca de su universidad. Cuando el pastor se enteró de que carrera estaba estudiando, le negó la membresía porque ella "no estaba en comunión con ellos." Desde entonces, dejó de ir a la iglesia y no cree en Dios.

¡Qué triste que tu hermana no haya encontrado un pastor amoroso y una iglesia que acepte a la gente! Es muy posible que entremos en desacuerdos en muchos aspectos de nuestra fe pero aun así mantengamos comunión con alguien. Cuando te vayas a vivir cerca de tu hermana, busca una iglesia donde sepas que la van a querer de la manera en que Cristo ama a su iglesia. Él ama a la iglesia no por lo que hacemos sino por lo que somos. Su amor es incondicional. Su amor no tiene pero, y esa clase de amor atraerá a tu hermana a Cristo.

Como fue de mente abierta para buscar una iglesia en el pasado, aunque la hayan lastimado, puede que con tu amorosa ayuda pueda atreverse a buscar nuevamente. En relación con sus estudios de antropología, hay cientos de maravillosos antropólogos cristianos que se pueden relacionar con ella. Haz trabajo extra y encuentra a alguien en tu nueva localidad que sea cristiano(a) pero también con el mismo conocimiento de tu hermana en el área de sus estudios.

Francamente, las personas usualmente no vienen a Cristo por una necesidad intelectual; usualmente se acercan a Cristo por causa del amor que otros creyentes les demuestran. Trastorna la falta de fe de tu hermana con tu amor, aceptación, y servicio hacia ella. Porque dejó de ir a la iglesia y de creer en Dios a causa de un pastor que no la aceptó en su iglesia, es posible que así de pronto pueda encontrar una fe sólida si contacta un cuerpo de creyentes que la quieran por quien es ella.

Cuando te mudes, a tu hermana, muéstrale amor, interés, y comprensión. Gánate el derecho de compartir tu fe con ella por medio de tu muestra de interés por ella. También podrás presentarle personas que comparten las mismas inquietudes intelectuales de ella pero que a la vez tienen una fuerte fe cristiana.

El amor gana por encima de todos los competidores en todos lo eventos.

[EL AMOR] TODO LO SUFRE, TODO LO CREE, TODO LO ESPERA, TODO LO SOPORTA. EL AMOR NUNCA DEJA DE SER.

1 CORINTIOS 13:7-8

DESCUBRE LA VERDAD

¿Cómo me puedo interesar más en leer la Biblia? No quiero insultarla, pero no puedo leer ni un capitulo. Me gusta leer libros que hablan de Dios, pero la Biblia me duerme. ¡No quiero ser así!

Dices que la Biblia es aburrida, pero te gusta leer libros cristianos, algunos de ellos basados en la Biblia. Creo que tu problema con la Biblia tiene que ver más en la forma en que la has leído que en el contenido de ella.

Hay muchas maneras de leer la Biblia:

La Biblia es un libro devocional. Puedes leer la Biblia en bocados pequeños, tal vez con una guía de estudios para ilustrar su relevancia. Como la Biblia no es cualquier libro- sino la palabra de Dios- pídele que te revele la verdad de la devoción.

La Biblia es la historia del pueblo de Dios. Puedes leer la Biblia como un libro de historia que cuenta las grandezas de Dios.

La Biblia es actual. ¿Qué dice acerca de las amistades, el fin del mundo, sexo, dinero, y hasta los padres? Todos esos temas y más están en la Biblia.

La Biblia es poesía. Algunas de las Escrituras son poemas del pueblo de Dios. Es maravilloso ser consolado por los Salmos o recibir consejos del libro de Proverbios.

La Biblia es un misterio. Partes de la Biblia se leen como una novela. Hay batallas, historias de amor, victorias, derrotas. Hay gozo, angustia, ira, paz. Todo esto y más.

La Biblia revela a Dios. Una forma en la que Dios se revela a sí mismo es por medio de su Palabra. Aunque ciertas partes de la Biblia pueden ser más o menos interesantes para ti, es aun el libro que Dios nos dio para entender mejor su plan para la vida eterna.

La Biblia es eterna. El profeta Isaías dice: "Sécase la hierba, marchítese la flor; mas la palabra del Dios nuestro permanece para siempre" (Isaías 40:8).

Otra gran forma de interesarte en la palabra de Dios es involucrándote en un estudio bíblico con otros cristiano fervientes. El fervor es contagioso. Pídele a alguien en tu iglesia que te conecten con un grupo así.

Finalmente, puedes considerar otra traducción de la Biblia. Algunas de las versiones de la Biblia hoy en día son traducidas o parafraseadas en un lenguaje mas contemporáneo.

Por favor, dale otra oportunidad a la Biblia. Si la lees con un corazón abierto, no creo que será tan aburrida como piensas.

La Biblia es el libro de donde consigues las respuestas para la vida.

Porque la palabra de Dios es viva y eficaz, y más cortante que toda espada de dos filos; y penetra hasta partir el alma y el espíritu, las coyunturas y los tuétanos, y discierne los pensamientos y las intenciones del corazón.

Hebreos 4:12

LA VERDAD SIN RESERVAS

SU AMOR EN TI

¿Está bien si golpeo a este valentón? Tengo dieciocho años, y hay un muchacho en el transporte escolar que me molesta. Raramente me molesta físicamente, pero a veces me empuja por detrás con su pie. En verdad que quisiera pelearme de regreso pero en vez le digo que me deje solo. ¿Qué quiere Dios que yo haga?

La violencia no es la respuesta para los abusivos. Ignóralo si puedes. Está tratando de provocarte, y si no le pones atención, pronto va a dejarte en paz. Sé que está lastimando tu orgullo y que quieres pelearte de regreso. No le des ese gusto. Te estarías poniendo en su nivel. Sólo trata de ignorarlo, o por lo menos muévete a otro asiento tan lejos como sea posible. Esa el manera más simple de evitar que te moleste.

Si eso no funciona, habla con el conductor o con las autoridades en tu escuela. Si no puede o no hacen nada, entonces busca otra forma de ir y regresar a la escuela hasta que este problema se vaya.

Mientras tanto, trata de entender que es lo que está causando que este muchacho sea tan malo. Debe de estar pasando por mucho dolor emocional. Jesús les dijo a sus discípulos que oraran por aquellos que los insultaban. Yo haría lo mismo con este tipo. Pídele a Dios que le ablande el corazón.

Cuando dejas que la luz y el amor de Dios brillen a través de ti, aquellos a tu alrededor verán a Dios en ti.

PERO YO OS DIGO: AMAD A VUESTROS ENEMIGOS, BENDECID A LOS QUE OS MALDICEN, HACED BIEN A LOS QUE OS ABORRECEN, Y ORAD POR LOS QUE OS ULTRAJAN Y OS PERSIGUEN; PARA QUE SEÁIS HIJOS DE VUESTRO PADRE QUE ESTÁ EN LOS CIELOS, Y QUE HACE SALIR EL SOL SOBRE MALOS Y BUENOS, Y QUE HACE LLOVER SOBRE JUSTOS E INJUSTOS.

MATEO 5:44,45

LAS INFLUENCIAS EN EL CORAZÓN

Me siento tan lejos de Dios que a veces me pregunto si aun soy salvo. Soy cristiano nacido de nuevo, que viene de una buena familia cristiana. Pero me ido en declive. Digo maldiciones y oigo música dudosa. Me siento tan mal por todos estos pecados, pero es que es difícil vivir la vida cristiana. Amo a Dios, y no entiendo como puedo seguir haciendo estas cosas. Por favor ayúdame.

Dijiste "amo a Dios." Y creo que lo dijiste en serio. Me dijiste que eres nacido de nuevo, de una familia cristiana, y que te quieres acercar a Dios- todas son muy buenas señales. Pero aquí hay un examen pequeño para ver si eres cristiano: "Que si confesares con tu boca que Jesús es el Señor, y creyeres en tu corazón que Dios le levantó de los muertos, serás salvo" (Romanos 10:9)

¿Crees en tu corazón que Jesús es el Señor? ¿Crees que Dios le resucitó de los muertos? ¿Crees que amas a Dios? Si así lo es entonces, eres salvo. Suena que tu problema no es con la salvación, pero con el vivir la vida cristiana.

La Biblia dice: "Acercaos a Dios y él se acercará a vosotros" (Santiago 4:8).Si encuentras formas de acercarte a Dios, Él promete que se acercará a ti. Te ayudará a cambiar tu estilo de vida- incluyendo las palabras que dices y tu preferencia musical. No necesitas que se la pase sermoneándote. Necesitas a alguien que te anime a acercarte a Dios y con quien puedas estar a cuentas. Lee tu Biblia diariamente, escucha música que glorifique a Dios, y júntate con personas que no digan maldiciones. Entonces así podrás cambiar tu estilo de vida.

Conozco a una chica adolescente que estaba en una situación muy parecida a la tuya. De hecho, ella se cambió de grupo social hacia otro porque quería mejor influencia de amigos en su vida. También, le pidió a una de las mujeres encargadas del grupo de jóvenes que la mantuviera a cuentas para formar una relación más fuerte con Dios. Por un año entero se congregaron en una relación de discipulado. Un año después esa chica se convirtió en una de las personas cristianas más fuertes en la fe a su corta edad. Espero que elijas la senda de la disciplina y del compromiso. No te vas a lamentar.

Las experiencias positivas o negativas que tienes dan influencias a tu corazón. Escoge construir un almacén en tu corazón para las bondades de Dios en todo lo que haces.

EL HOMBRE BUENO, DEL BUEN TESORO DE SU CORAZÓN SACA LO BUENO; Y EL HOMBRE MALO, DEL MAL TESORO DE SU CORAZÓN SACA LO MALO; PORQUE DE LA ABUNDANCIA DEL CORAZÓN HABLA LA BOCA.

LUCAS 6:45

VIVIENDO EN LA VERDAD

¿Cómo puedo ayudar a que mi amigo deje de usar drogas? He sido amigo de este muchacho por unos ocho meses, y aunque no tenemos mucho en común, nos llevamos bien. Pero el está metido en las drogas. ¿Qué debo hacer?

Tu amigo necesita ayuda. Un drogadicto tiene que dejar las drogas o su vida solamente va a empeorar. La gente a menudo usa drogas para matar el dolor. Si tu amigo está estresado acerca de la escuela o tiene problemas familiares, las drogas le ayudarán a calmar su dolor, pero sólo temporalmente. En cualquier cosa, las drogas sólo van a complicar más todo.

La gente que usa drogas suele olvidar como lidiar con el estrés. Comúnmente se mueven rápidamente de simple curiosidad a total dependencia. Las drogas son de temerse y muy peligrosas. Al principio, te pueden hacer sentir muy bien. Pero cuando el uso lleva a la adicción, el adicto debe de conseguir ayuda para evadir problemas de por vida. Tu amigo es afortunado de tener a alguien como tú que se interese por él.

Confronta a tu amigo. Encuentra un lugar donde el pueda ir para obtener ayuda y así dejar el mal hábito. Encuentra ex-adictos que ahora estén limpios; ellos pueden tener un impacto poderoso en tu amigo. Ora por él; Dios puede renovarlo otra vez. Pregúntale a tu pastor de jóvenes, o a tu pastor como puedes ayudar o si tienen algunas sugerencias. Tu amigo está en más problemas de los que él piensa que tiene, si es que no hace nada por su problema con las drogas.

Viviendo tu vida en la verdad hará que otros descubran la libertad que pueden tener en Cristo.

El testigo verdadero libra las almas.

Proverbios 14:25

DEJANDO EL PASADO ATRÁS

Todavía tengo la necesidad de hablar de mí pasado con mis amistades más cercanas. ¿Significa que no he perdonado a mi papá? Cuando era más joven, fui abusada por él. Él ya no vive conmigo, así que trato de contactarlo por medio de cartas, pero aun así me siento enojada y confundida.

Es normal sentir enojo y confusión hacia tu papá. También es saludable sentirte lo suficientemente a gusto como para poder contarle a tus amistades acerca de tus experiencias dolorosas de tu niñez. Suena como si llevas una gran ventaja en lidiar con el abuso en tu pasado. Todo abuso es traumático, pero cuando tu propio padre es el culpable es aun peor. Y puede dejar cicatrices emocionales muy profundas. Aunque puedes sanar de tus heridas, pero el proceso puede tomar mucho trabajo y mucho tiempo.

Aquí hay cuatro cosas que hay que tener en mente:

1. No es tu culpa. Es culpa del abusador. Él necesita ayuda.
2. No sufras en silencio. Busca la ayuda que necesitas para poder sanar. Habla con el pastor y/o busca ayuda profesional.
3. No estás sola. Hay muchos adolescentes que han pasado por experiencias similares. Muchos de ellos han buscado y encontrado la ayuda que necesitan para poder vivir una vida dinámica.
4. A Dios le importa. Aun en los tiempos duros parece que Dios no se interesa por tu abuso, o que te ha dado la espalda. Yo creo que

Él llora cuando sus hijos han sido lastimados física y emocionalmente por una relación abusiva.

Mucha gente en su proceso de sanar no llega al punto de querer perdonar al que abusó. Algunos aprenden a perdonar pero deciden no tener ningún contacto con el abusador. Simplemente, es demasiado doloroso. Aunque, algunos que han sido abusados no solamente perdonan al abusado pero continúan llevando una relación saludable con él o ella.

Así, mantén en mente que todo esto es muy inusual. La sanidad y el perdón, van a tomar mucho tiempo. Te recomiendo en gran manera que busques consejería cristiana continuamente. Cualquier persona que ha sido abusado o abusada, necesita consejos para mantenerse en el camino correcto en el proceso de la sanidad emocional.

El perdón puede cerrar la puerta del pasado y del dolor y a la misma vez abrir la puerta de la esperanza, sanidad, y un nuevo comienzo.

A QUIENES REMITIERES LOS PECADOS, LES SON REMITIDOS; Y A QUIENES SE LOS RETUVIEREIS, LES SON RETENIDOS.

JUAN 20:23

EL AMIGO MÁS GRANDE DE TODOS

Cada vez que dejo las drogas y el alcohol, pierdo a mis amigos. Porque así no me aceptan, y por eso vuelvo a ese estilo de vida. No quiero caer en las tentaciones, pero es muy difícil decir que no. ¿Tienes algún consejo?

Si. Permanentemente cambia de amigos. Si estos "amigos" no aceptan tu deseo de estar limpio y sobrio, entonces no son tus verdaderos amigos. La Biblia dice: "No erréis; las malas conversaciones corrompen las buenas costumbres" (1 Corintios 15:33). De hecho, a esta clase de gente yo los llamo enemigos más que amigos.

Es un simple hecho que todos nos volvemos como las personas con las que nos juntamos. Hay dos presiones de grupo, la negativa y la positiva. Escoge a tus amigos sabiamente y escoge a amigos que te motiven en lugar de desanimarte. La Biblia habla acera de un "amigo más unido que un hermano" (Proverbios 18:24). Busca esa clase de influencia positiva, y asegúrate de estar buscando en los lugares correctos- como un club cristiano en tu escuela o el grupo de jóvenes en tu iglesia.

Tengo un amigo cerca de la edad de los estudiantes universitarios que estaba teniendo problemas con las drogas y el alcohol. El intentó dejar las drogas pero volvía a caer en ellas. Cuando le pregunté que hacía para divertirse, me contestó que iba a parrandear con algunos amigos pero trataba de no beber o usar drogas. Le dije que si quería dejar totalmente las drogas, tenía que dejar las parrandas y cambiar de amigos.

Lo invité a acompañarnos a un grupo de su misma edad en nuestra iglesia. Al principio no me hizo caso, pero después de muchos intentos de alejarse de las drogas y las parrandas, decidió venir. Hace poco me dijo que tienes nuevos amigos y que está libre de las drogas y el alcohol. Tú debes de hacer lo mismo.

También, no tomes en poco el poder de la adicción. Puedes cambiar amigos y aun así estar bajo el poderoso hechizo de la adicción. Si en verdad no puedes dejar las drogas, busca ayuda de inmediato para que dejes esa adicción.

Cuando eres tentado, escoge el lado bueno. Cristo esta en ti, listo y capaz de ayudarte a estar firme.

NO OS HA SOBREVENIDO NINGUNA TENTACIÓN QUE NO SEA HUMANA; PERO FIEL ES DIOS, QUE NO OS DEJARÁ SER TENTADOS MÁS DE LO QUE PODÉIS RESISTIR, SINO QUE DARÁ TAMBIÉN CON LA TENTACIÓN LA SALIDA, PAR QUE PODÁIS SOPORTAR.

1 CORINTIOS 10:13

LA VERDAD SIN RESERVAS

ESCUCHA

Si no se que es lo que Dios quiere que yo haga, ¿cómo puedo seguirle fielmente? Estoy confundido y no soy feliz con mi vida por el momento. Yo se que Dios tiene un plan para todos, pero no se que es lo que esto en verdad signifique para mí.

No estás solo. Muchos cristianos batallan tratando de encontrar la voluntad de Dios. Aun así, la Biblia es muy clara de que podemos aprender mucho de su voluntad por medio de su Palabra. La Biblia puede mostrarte con que clase de persona te debes casar. Te enseña acerca del dinero, las relaciones, los padres, las amistades, y una gran lista que sigue y sigue. Te aconsejo que te satures de la Palabra. Empieza a leer la Biblia y a ir a estudios bíblicos para descubrir como seguir fielmente a Dios.

Los amigos cristianos que son sabios también te pueden ayudar a aprender lo que Dios quiere que hagas y quien Él quiere que tú seas. Júntate con personas que te desafíen a caminar con Dios. Así es como yo aprendo más, por medio de esos amigos que me ayudan a seguir a Dios.

Jesús dijo en el sermón del monte: "Mas buscad primeramente el reino de Dios y su justicia, y todas estas cosas os serán añadidas" (Mateo 6:33). Creo que si le buscas con todo tu corazón, mucha de tu confusión y tus sentimientos de falta de felicidad se van a ir. Dios no siempre quita nuestro dolor y confusión, pero sí nos promete ir con nosotros todos los días de nuestras vidas.

Sus palabras en la Biblia, la oración, y la alabanza le hablarán a tu corazón, y al escuchar, te llevará hacia su plan con un propósito para tu vida.

Muéstrame, oh Jehová, tus caminos; enséñame tus sendas.

Proverbios 25:4

LA VIDA ABUNDANTE

¿Por qué tengo esta fascinación hacia la muerte? Desde que tengo memoria, siempre me ha interesado la muerte. Me gusta mucho ir a los cementerios, y me gusta enterarme de cómo la gente muere. Me gusta oír historias trágicas y me imagino muriendo de una enfermedad Terminal. Aunque, estos pensamientos y sentimientos también me hacen sentir mal.

Como tu interés por la muerte ha estado contigo por mucho tiempo te recomendaría que consiguieras platicar con algún consejero cristiano, alguien que tenga un punto de vista bíblico acerca de la muerte y después de la muerte, algo que los consejeros seculares no tienen. Aunque no lo mencionaste en tu carta, supongo que has de haber tenido una experiencia donde alguien cercano a ti ha muerto o quizás un trauma que haya sido causado por algún trauma que causa tu obsesión con la muerte. El pensar en la muerte no es necesariamente malo. Pero como estás obsesionado con la muerte, te recomiendo que busque el punto de vista de un consejero.

Si por algún motivo tus pensamientos de muerte te han llevado a pensar en el suicidio busca ayuda de inmediato.

Recuerda que Jesucristo mismo tenía el poder sobre la muerte. A causa de su resurrección, nos puede dar la esperanza de un hogar eternal con Dios en el cielo.

El propósito de que Jesús viniera a la tierra fue para darte una vida abundante- Él espera que cumplas todos los días de tu vida.

EL LADRÓN NO VIENE SINO PARA HURTAR Y MATAR Y DESTRUIR; YO HE VENIDO PARA QUE TENGAN VIDA, Y PARA QUE LA TENGAN EN ABUNDANCIA.

JUAN 10:10

LA PERSPECTIVA DE DIOS

¿Cómo manejo esta situación? Los adolescentes en mi grupo de jóvenes han empezado a llamarme "gay" por la forma en la que hablo. Nunca nadie me había dicho eso antes. Me siento avergonzado, humillado y traicionado por mis hermanos y hermanas en Cristo.

Lamento mucho la forma tan terrible y grosera que estos cristianos se han comportado contigo. Describiste claramente como es que cualquiera se hubiera sentido por la forma en que estos adolescentes te tratan.

Primero, acepta que estos sentimientos de vergüenza, humillación y hasta de traición son sentimientos normales para esta situación.

Segundo, busca ayuda y asesoría inmediatamente de uno de los encargados de los jóvenes en tu iglesia, alguien en quien tú confíes y a quien respetes.

Tercero, por favor no les creas o dudes de la sexualidad que Dios te dio. He conocido a muchas personas que han tenido problemas con la homosexualidad a causa de que les hacían bromas de eso cuando eran adolescentes. Hoy son muy infelices y no viven una vida que honra a Dios. Si las bromas de tus compañeros te han hecho cuestionar tu sexualidad, por favor habla con un pastor de jóvenes o algún adulto de confianza.

Cuarto, solo porque unos cristianos mal guiados en tu grupo de jóvenes se burlan de ti, no te alejes de tu fe en Dios. Ora para que Dios te ayude a encontrar amigos cristianos que te apoyen y te ayuden a levantarte.

Dios te creó para que seas todo lo que el deseo que tú fueras. Enfócate en como te ve a ti. A pesar de todo, él te hizo y te ama.

Mantén la perspectiva de Dios delante de ti.
Eres creado en su imagen- su reflejo glorioso.

PORQUE ASÍ DICE EL SEÑOR TODOPODEROSO, CUYA GLORIA ME ENVIÓ CONTRA LAS NACIONES QUE LOS DESPOJARON A USTEDES: LA NACIÓN QUE TOCA A MI PUEBLO, ME TOCA LA NIÑA DE LOS OJOS.

ZACARÍAS 2:8 (NVI)

UNA PERSPECTIVA DE LO ETERNO

¿Por qué deja Dios que nos pasen cosas malas si Él nos ama tanto? Un buen amigo mío murió hace unos cuantos meses. He estado muy deprimido y mi corazón aun está en pedazos.

Tu carta me trajo memorias del dolor que sentí cuando mi mejor amigo murió. Es aun doloroso, y simplemente no tenga una respuesta sencilla para ti. Esto es lo que yo he hecho para sobrellevar la situación.

La vida es un regalo. Tú y yo no tuvimos opinión alguna de donde o cuando nacimos. Tampoco sabemos cuando vamos a morir. Dios nos da el regalo de la vida, en su plan todos mueren. Enfocarme en lo que llamo "la perspectiva de lo eterno" me ayuda mucho.

Si tu amigo era cristiano, te puedes alentar el saber que ha sido removido de su vida en la tierra y está ahora en su hogar eternal con Dios. Aquí está lo que la Biblia nos dice acerca del cielo: "Enjugará Dios toda lágrima de los ojos de ellos; y ya no habrá muerte, ni habrá más llanto, ni clamor, ni dolor; porque las primeras cosas pasaron" (Apocalipsis 21:4). A pesar de lo mucho que quieras que tu amigo esté aquí en la tierra, tú puedes aun encontrar consuelo y esperanza porque sabes que tu amigo está en un lugar mejor.

Si tu amigo no era cristiano la perspectiva de lo eterno, desafortunadamente, no te alentará mucho. Francamente, es más difícil sobrellevar la muerte de un amigo no-creyente porque no podemos decir que "se han ido a un mejor lugar." Pero un resultado positivo que puede salir de la muerte de un amigo no-creyente es este: Nos puede animar a estar más determinados a compartir nuestra fe con los que no creen, para que algún día tengamos la confianza de que van a vivir eternamente con Dios.

Aparte de si tu amigo era cristiano o no, debes de platicar con tu pastor de jóvenes acerca de tu pregunta. Por favor, debes saber que está bien si compartes tu dolor, dudas, preguntas y aun tu coraje contra Dios. También usaste las palabras "muy deprimido" cuando describiste tus sentimientos. Si aun te sientes así, necesitas asesoramiento profesional.

Finalmente, no mencionaste si tenías pensamientos del suicidio, pero si es así, te pido con urgencia que no tomes tu propia vida. Busca ayuda inmediatamente. Cuéntaselo a alguien inmediatamente. El suicidio reemplaza un problema temporal con una tragedia permanente. Aférrate. Si no tienes alguien con quien hablar llama al 911 y explícales tu situación.

Antes de que mi amigo Roberto muriera, me arrodillé y le pedí a Dios que lo sanara. Por algunos meses pensé que se podía recuperar. Pero aun así, él falleció. Yo estuve orando y aun traté de que Dios viera las cosas desde mi punto de vista. Pero Él me recordó: "Vas a tener que confiar en mí en esta situación. Aunque te duela, por favor no olvides lo que te he prometido en las Escrituras: 'No te desampararé, ni te dejaré' (Hebreos 13:5). Nunca te he dicho que tú o tus seres amados no van a sufrir o que no van a morir. De todas formas, si te he prometido que voy a caminar contigo en esas circunstancias tan difíciles."

Súbele al volumen a Dios en tu vida y podrás notar otra vez esos momentos de gozo en tu vida.

HAS CAMBIADO MI LAMENTO EN BAILE; DESATASTE MI CILICIO, Y ME CEÑISTE DE ALEGRÍA.

SALMO 30:11.

ECHÁNDOLE BASURA AL TEMPLO

Se que soy menor de edad, ¿pero que dice la Biblia acerca de fumar? He visto a algunos cristianos adultos que fuman.

La Biblia no menciona el fumar. Pero sí dice que tu cuerpo es el "templo de Dios" (1 Corintios 6:19). Debemos de tener cuidado de lo que echamos dentro del cuerpo- sea nicotina, alcohol o drogas. No conozco a nadie que piense que fumar es una decisión inteligente.

No pongo en duda la salvación de esos cristianos adultos que sabes que fuman, pero sí pongo en duda su decisión de seguir fumando. Están adictos a una droga que se llama nicotina. Es una droga difícil de dejar. La adicción es fuerte e intensa. La mayoría si no es que toda la gente que sabes que fuman, te dirán que han tratado de dejar de fumar en algún punto de sus vidas. Tal vez ellos mismos deseen que no fueran fumadores.

Aparte del problema de la adicción, estos son otras cosa que me preocupan. En la envoltura de las cajetillas de cigarros te indican que fumar es dañino a la salud. El fumar cigarros causa cáncer en el pulmón, más riesgos de un paro cardiaco, y un montón de otros problemas mortales.

No sólo eso, la nicotina puede llevar a adicciones con otros riesgos para la salud. De acuerdo con un experto retirado de la Casa Blanca, los adolescentes que fuman tienen el doble de probabilidades de ingerir alcohol, diez veces más probabilidades de usar marihuana, y catorce veces más de usar cocaína y heroína que los que no fuman. De hecho, el investigador Dr. John Q. Baucom encontró que el 81 por ciento de los adolescentes adictos a la nicotina van a probar la marihuana. Sobre todo por esta razón, soy partidario de no fumar.

Todas las evidencias nos indican que el fumar es dañino en muchas maneras. Es cierto que la Biblia no dice, "No fumaras," pero no tiene que decirlo. Hay áreas donde Dios nos da parámetros y confía en que decidiremos por nosotros mismos que es lo mejor. Sabemos que no debemos maltratar nuestros cuerpos porque no son de nosotros. También sabemos de los efectos dañinos de fumar. Esos dos factores nos ayudan a tomar la decisión de no fumar.

Y recuerda: fumar, beber y usar drogas no son las únicas formas de las lastimar nuestro cuerpo. Hábitos tales como comer de más o dietas continuas, falta de ejercicio y comer comida chatarra pueden causar daño a nuestro cuerpo.

No le eches basura al cuerpo, en cambio mantén tu cuerpo presentable ante Dios.

Así que, hermanos, os ruego por las misericordias de Dios, que presentéis vuestros cuerpos en sacrificio vivo, santo, agradable a Dios, que es vuestro culto racional.

Génesis 1:27

EL PODER DE "ESTAR ALLÍ"

¿Hay algo que yo pueda hacer además de orar? Mi novio se enteró que su papá tiene cáncer y se está empeorando. Ni él ni nadie en su familia son cristianos y ha perdido la esperanza de que algo bueno pueda pasar algún día. Quiero estar con él animándolo, pero me siento como que soy de poca ayuda.

La respuesta está en el poder de "estar allí." Hay veces en que las palabras no logran absolutamente nada de diferencia, pero tu presencia seguido trae la fuerza que se necesita para poder sobrevivir el día.

Conozco a un hombre al cual su esposa se le estaba muriendo de cáncer. Estaba en cama en el hospital casi en coma. Mucha gente de su iglesia vino a ofrecerles oración, leerles una porción de la Escritura, y una palabra de esperanza. Esta era gente sincera, pero mi amigo me dijo, "Yo aprecié mucho todas sus palabras de consuelo, pero muy seguido apenas podía esperar a que se fueran. De todas formas, había un hombre que venía muy seguido. Venía después de haber todo el día en la carpintería. Su esposa había muerto el año anterior. Este hombre tan callado solamente venia y se sentaba junto a mí y tomaba mi mano con sus manos rudas. A veces hablaba y a veces se sentaba a un lado mío en silencio. Mi amigo volteó a verme y me dijo: "Nunca quería que él se fuera."

Tal vez no sean tus palabras las que hagan la gran diferencia, pero tu presencia dirá mucho acerca de tu amor y del amor de Dios. Ahora, hay veces en las que alguien como tu novio pierde la esperanza y necesita que les recuerden del eterno amor de Dios. Si lees un versículo especial de la Biblia o traes alguna palabra para inspirar a la familia, puede que seas la persona que traiga esperanza de regreso a sus vidas.

Sigue orando por su familia haciendo notable tu presencia. Definitivamente, te lo van a agradecer. Me gusta este desafío del apóstol Juan al final de su vida. Dijo: "Hijitos míos, no amemos de palabra ni de lengua, sino de hecho y en verdad" (1 Juan 3:18). Pienso que nos está recordando que nuestras acciones hablan más fuerte que nuestras palabras.

Tu presencia puede traer fuerza a aquellos que amas mediante los momentos más difícil de la vida.

**PORQUE TÚ HAS SIDO MI REFUGIO,
Y TORRE FUERTE DELANTE DEL ENEMIGO.**

SALMO 61:3

LA VERDAD SIN RESERVAS

FALSOS

¿Cómo les digo a mis amigos que no están actuando como cristiano sin sermonearlos? Tres de mis amigos dicen que son cristianos pero no actúan como tales. No creo que en verdad entiendan lo que es ser cristiano.

Es probable que tú no seas la única persona que tiene este problema. Todos los cristianos tienen amigos que pudieran describirse como los tuyos. Me gusta el consejo que San Francisco de Asís solía dar hace mas de cien años, al decir "predica el evangelio, y si es necesario usa palabras."

Seguro les puedes ofrecer tu consejo y confrontarlos, y en forma amable lo deberías hacer. Pero tu vida cristiana positiva hará más por acercarlos a un compromiso más cercano con Dios que si los sermonearas.

Imagina por un momento una pirámide. En la base de la pirámide está lo que se llama el nivel de compromiso a Dios llamado "ven y ve." Estas son las personas que pueden asistir a la iglesia para echarle un vistazo al grupo de jóvenes pero no tienen una fe propia.

El siguiente nivel de compromiso es el del "creyente casual." Este puede ser el nivel de compromiso de tus amigos. Si son cristianos, pero no toman su fe muy en serio. Algunas personas les llaman creyentes "nominales." Son cristianos pero sus acciones no lo demuestran.

El siguiente nivel es el del "discípulo." El discípulo tiene una fe más madura. Ese es probablemente el punto en el que encajas. Hay menos discípulos que cristianos nominales y hay menos creyentes nominales que la gente del nivel de 'ven y ve.'

Tu trabajo es de ayudar a tus amigos 'creyentes nominales' a que asciendan de su nivel de la pirámide a una vida discipular más comprometida. Yo creo que este cambio sólo ocurre al ellos involucrarse más en un estudio bíblico, devocionales personales, sirviendo a otros, compartiendo su fe, y haciéndote responsable ante un grupo de creyentes discípulos.

Yo que tú les tenia mucha paciencia, pero poco a poco anima a estos amigos a que se involucren más. Dios es muy paciente con nosotros, y debemos de estar con nuestros amigos. Ora por ellos, y creo que encontrarás la oportunidad de ayudarlos a escalar al siguiente nivel de la pirámide del compromiso.

Muchas veces tu propio ejemplo es la imagen para que aquellos que están a tu alrededor se comprometan más.

Y ANDAD EN AMOR, COMO TAMBIÉN CRISTO NOS AMÓ, Y SE ENTREGÓ A SÍ MISMO POR NOSOTROS, OFRENDA Y SACRIFICIO A DIOS EN OLOR FRAGANTE.

EFESIOS 3:11

LA VERDAD SIN RESERVAS

DIOS ES TU AYUDA

¿Qué debo hacer? El matrimonio de mis padres lleva un tiempo que no ha estado marchando bien. Y ahora, mi mamá se ha estado comunicando por medio del Internet con un amigo que conoció hace mucho tiempo. Cuando me le acerqué para preguntarle de eso, me dijo que todo era inocente y que estaba loca de pensar otra cosa. Pero después encontré evidencia de que no era inocente y no sé que hacer.

Estás en una situación muy difícil. Algunas personas simplemente ignoran las señales posibles, y otras confrontan a sus padres con la información. Ambas maneras de lidiar con el problema son complicadas y pueden causar un gran desorden en tu relación.

Déjame y primero te digo que no te tienes sentir como la única salvación del matrimonio de tus padres. No es tu culpa de que estén teniendo problemas, y no es tu responsabilidad hacer que sus problemas se vayan.

Con esto dicho, una vez releída tu carta puedo imaginarme que tú harías lo mismo que yo, esto es confrontar a tu madre con amor acerca de esta nueva evidencia. Es la responsabilidad de ella reaccionar a tu oferta.

Puede que lo haga con sabiduría y madurez, y puede que no. Tu trabajo, si este es el rumbo que decides tomar, es ponerle la información delante de ella y reafirmarle tu amor. Hazle saber que puede ir a un pastor o a un consejero por ayuda.

Muchísimas personas de tu edad terminan en medio de lo que tal parece ser un juego de ping-pong. Rebotan de lado a lado con los problemas de sus padres. Durante este tiempo, sé amorosa y comprensiva pero fiel a tus convicciones. Tal vez necesites que alguien mayor que tú y con más sabiduría venga a darte ayuda, consejo y apoyo. Tal vez quieras buscar esta fuente de apoyo en algunas de las personas que ayudan con el grupo de jóvenes. Tal vez nunca ocupen el lugar de tus padres, pero te pueden dar consejos que honren a Dios, los cuales no estás recibiendo en este momento de tus padres.

En los momentos que no entiendas el porqué, siempre podemos saber a Quien ir- Dios es nuestra ayuda.

Fíate de Jehová de todo tu corazón, y no te apoyes en tu propia prudencia. Reconócelo en todos tus caminos, y él enderezará tus veredas.

Proverbios 3:5-6

LA VERDAD SIN RESERVAS

DIOS SUSURRA

¿Cómo puedo sentirme más cerca de Dios? Últimamente, mi relación personal con Cristo se ha deteriorado, casi al punto de no existir. He intentado orar pero no ha funcionado. Estoy perdido y no tengo idea de cómo acercarme a Él otra vez.

Desearía poder darte una respuesta sencilla o una fórmula que sigas que te ayude a encontrar el camino hacia Dios. No hay soluciones sencillas. De todas maneras, hay una pasaje maravilloso que espero lo veas como una gran promesa: "Acercaos a Dios, y él se acercará a vosotros" (Santiago 4:8). La belleza de Dios es que sus caminos no siempre nuestros caminos. Algunas personas regresan a Él por medio de la oración, otros mediante el comprometerse en el servicio de un proyecto misionero. Yo conozco a una persona que se fue a acampar en las bellezas de la creación de Dios y mientras estaba sentado junto al lago en las montañas sintió la presencia de Dios en los árboles y el agua. El hizo las paces con Cristo ese día sentado junto al lago.

Una estudiante llamada Clara me escribió hace un tiempo acerca del mismo problema que tú estás teniendo. Me contó que no fue sino hasta que empezó a involucrarse en un grupo pequeño de su iglesia donde se reunía con cristianos auténticos que su fe se volvió una realidad para ella. No sé que es lo que necesitas, pero la Escritura es certera en que al acercarnos a Dios, El se acercará a nosotros. En el Antiguo Testamento se encuentra otra promesa que puede brotar en nosotros: "Y me buscaréis y me hallaréis, porque me buscaréis de todo vuestro corazón" (Jeremías 29:13). La presencia de Dios y su poder se nos ofrecen al enfocar nuestras vidas en su dirección.

Otra vez, no sé cual sea tu situación específica, pero cuando yo estaba en la universidad me encontré en una situación similar a la tuya. Yo quería acercarme a Dios, y me sentía lejos. Un versículo en el libro de Juan me enfocó en la dirección correcta. "El que tiene mis mandamientos, y los guarda, ése es el que me ama; y el que me ama, será amado por mi Padre, y yo le amaré, y me manifestaré a él" (Juan 14:21). Aquí está el principio que aprendí por medio de esas palabras de Jesús. No importa lo que siento por Dios, mi obligación es obedecerlo. Cuándo lo obedezco y lo sigo, le demuestro que lo amo. A cambio, al obedecerlo, Él promete revelarse a mí.

Enseguida de haber aprendido este versículo rompí con una amistad negativa y me fui a México en un viaje misionero. Ambos actos de obediencia me ayudaron a regresar al camino correcto y a sentir la presencia de Dios en mi vida. Cuando estás en silencio delante de Dios, y cuando miras dentro de tu alma, ¿qué es lo que crees que Dios te está susurrando? Obedece lo que Él te susurra y regresa a Él. Él hará todo lo demás.

Él siempre habla, pero sólo lo podrás oír si estás escuchando.

Y el estruendo de las alas de los querubines se oía hasta el atrio de afuera, como la voz del Dios Omnipotente cuando habla.

Ezequiel 10:5

CONEXIÓN DEL CORAZÓN

¿Tienes algún consejo para mí? Me he mudado muchas veces a causa de los empleos de mis padres, así que no soy parte de ningún grupo de jóvenes. Tal parece que por ahora no tengo a nadie en quien respaldarme. A veces voy a la iglesia pero no tengo una iglesia a la cual llame mi hogar. No entiendo porque Dios está dejando que esto me pase.

Es muy importante que encuentres "comunión." La comunión es un sentir de que perteneces a algo. Todos la necesitamos. Muy poca gente puede prosperar en su fe sin comunión. Aunque te mudes frecuentemente, puedes aun encontrar un grupo cercano de amigos cristianos.

Mediante la Escritura, Dios le ha dicho a su pueblo que busque congregarse con otros creyentes. En el Antiguo Testamento el tema es seguido acerca de "conectarse" con un grupo de creyentes. El Nuevo Testamento dice que no debemos "dejar de congregarnos, como algunos lo tienen por costumbre, sino exhortándonos; y tanto más, cuanto vemos que aquel día se acerca" (Hebreos 10:25). El retrato hablado que nos dice Pablo es que todos somos partes importantes del cuerpo de Cristo y que nos necesitamos los unos a los otros en sobremanera. (Lee 1 Corintios 12).

Déjame desafiarte a que encuentres un grupo de jóvenes y una iglesia que provea para tus necesidades. Ningún grupo va a ser perfecto, y va a tomar algún tiempo para que te sientas en contacto. Para que puedas acelerar el proceso- únete a un grupo pequeño, ve a algún retiro o pasa un tiempo cara a cara con un líder estudiantil o un encargado de los jóvenes en tu iglesia.

Cuando era pastor de jóvenes, Kristi, una muchacha de mi grupo, tenía un problema similar porque sus padres se mudaban muy seguidos. El primer día que la conocí me extendió la mano, me saludó, y me dijo: "Me acabo de mudar a esta área. He estado viendo distintos grupos de jóvenes y me quiero comprometer a este. Puede que me mude en un par de años así que me quiero comprometer de inmediato."

Su actitud me impresionó. Kristi empezó en un instante y en unos cuantos meses ya formaba una parte importante en nuestro grupo. Estoy seguro que nuestro grupo no era como su antiguo grupo de jóvenes, pero lo dejó atrás y se involucró en este. Te sugiero que sigas el ejemplo de Kristi y que encuentres el sentir de pertenecer al grupo de los cristianos en tu área.

Ten por prioridad el incluir a otros en tu grupo,
y verás como tu grupo crece.

**EL UNGÜENTO Y EL PERFUME ALEGRAN EL CORAZÓN,
Y EL CORDIAL CONSEJO DEL AMIGO, AL HOMBRE.**

PROVERBIOS 27:9

LA ESPERANZA RESTAURADA

Está claro que Dios por cuanto sufrimiento has pasado, pero si es así ¿Por qué te mandaría al infierno si cometieras el suicidio? He escuchado que aun si eres cristiano y te suicidas, te vas al infierno.

Cuando una iglesia o un grupo de jóvenes tienen un estudio bíblico o una discusión en el área del suicidio, la primera pregunta parece ser acerca del infierno. Por algún tiempo una denominación cristiana mantuvo la enseñanza de que si una persona cometía suicidio se iba directo al infierno. Esta denominación se ha apartado un poco de esta forma de pensar, pero la idea aun permanece en la mentes de muchos.

La Biblia es muy específica en muchos temas importantes. En donde es específica es en que se nos manda a creer simplemente. Es específica y clara, por ejemplo acerca del cielo y el infierno- no en como se relacionan al suicidio pero si en como se relacionan a nuestra relación con Jesucristo. Romanos 10:9-10 dice "Que si confesares con tu boca que Jesús es el Señor, y creyeres en tu corazón que Dios le levantó de los muertos, serás salvo. Porque con el corazón se cree para justicia, pero con la boca se confiesa para salvación." Es claro que nuestra salvación depende en nuestra relación con Dios y no en acciones especificas.

Otra vez, como ya lo dije antes, la Biblia no habla del suicidio claramente. Aun así, creo fuertemente que no es la voluntad de Dios que alguien se suicide. Para una persona que piensa en suicidarse, el problema no es el infierno, más bien es el encontrar la esperanza para poder sobrepasar el dolor y poder vivir la vida en abundancia que Cristo ofrece. Dios no nos promete una vida sin dolor, pero sí nos promete dejarnos ni desampararnos (Deuteronomio 31:8). Cuando una persona intenta suicidarse él (o ella) ha perdido básicamente toda la esperanza. Pero Cristo es el restaurador de toda esperanza.

No mencionaste si estabas pensando en suicidarte, pero en caso de que lo estés, te recomiendo que escojas la vida. Dile a una persona adulta- a uno de tus padres, un maestro, un pastor- de inmediato la situación por la que estás pasando, y ellos te mostrarán como recibir ayuda.

Jesucristo es el restaurador de todas tus esperanzas.

VOLVEOS A LA FORTALEZA, OH PRISIONEROS DE ESPERANZA; HOY TAMBIÉN OS ANUNCIO QUE OS RESTAURARÉ EL DOBLE.

ZACARÍAS 9:12

GRANDES DIFERENCIAS

¿Qué es una secta? Yo pertenezco a la Iglesia de Jesucristo de los Santos de los Últimos Días (La Iglesia del Mormón). En una de tus publicaciones anteriores dijiste que el mormonismo es una secta. Cuando busqué el significado de secta, el diccionario dice que una secta es un grupo que sigue a un líder. Los católicos siguen al papa, los luteranos a Martín Lucero, y los mormones siguen las enseñanzas de Cristo que vienen en la Biblia y el Libro del Mormón. ¿Qué acaso esto no significa que todos son parte de una secta?

Si estás buscando el significado de la palabra "secta" en un diccionario estás totalmente en lo cierto. La palabra secta conlleva la asociación de cierta adoración. Pero para los cristianos, una secta es un grupo religioso con creencias fuera de lo que se enseña mayormente en la fe cristiana. Yo tengo muy buenos amigos que son mormones. Tenemos una relación común a causa de valores similares con respecto a la familia y otras cosas concernientes a nuestras vidas. Aun así, debemos de estar de acuerdo en que la iglesia mormona y la corriente cristiana son muy distintas en unos puntos clave.

Aquí hay unos puntos en que pensar:

1. José Smith: ¿Era profeta o no? ¿Mandó Dios al ángel Moroni para que le entregara el libro del mormón a José Smith, tal como lo cuentan los mormones? Obviamente los mormones creen que José Smith era un profeta y que el libro del mormón

es un libro sagrado. Los cristianos no creen que José Smith era un profeta o que el libro del mormón sea sagrado. Los cristianos creen que la Biblia- y nada más- es la única palabra de Dios. Los mormones creen que tienen nuevas escrituras, algo así como una adición del siglo diecinueve a la Biblia. Esa es una gran diferencia en nuestra fe y en nuestras prácticas.

2. Una de las diferencias más grandes es la salvación. Los mormones piensan que la salvación (poder entrar al cielo) viene por medio de buenas obras y que toda la gente va a pasar la eternidad en algún nivel de un cielo de muchos niveles. El nivel se determina conforme a la medida de las buenas obras de cada persona. El punto de vista cristiano es radicalmente distinto. Nosotros creemos que la salvación es el regalo gratuito de la gracia de Dios para todos los que creen y aceptan a Jesucristo en sus vidas (Efesios 2:8-9; Juan 14:1-6).

Hay muchas otras grandes diferencias entre el mormonismo y el cristianismo, como en nuestro punto de vista de Dios, la Biblia, y el pecado. Así que es muy seguro el decir que las enseñanzas de la fe cristiana y el mormonismo son diferentes en algunas de nuestras creencias básicas.

Cuando los desacuerdos vengan, es mejor enfocarse en salvar las amistades que determinar quien tiene la razón y quien está equivocado.

JESÚS LE DIJO: YO SOY EL CAMINO, Y LA VERDAD, Y LA VIDA; NADIE VIENE AL PADRE, SINO POR MÍ.

JUAN 14:6

LA VERDAD SIN RESERVAS

NO ES TU DECISIÓN

¿Aparte de orar, qué más puedo hacer por mi papá? Estaba usando la computadora de mi papá y me puse a ver su historial de páginas visitadas en la Internet y encontré sitios pornográficos. Pienso que es algo asqueroso. De hecho, no es la primera vez que he visto esto en su computadora. Pensé que ya había dejado de hacerlo pero me equivoqué.

Es algo alarmante saber cuantos hombres están cayendo en el precipicio de la pornografía por la Internet. Tu papá necesita ayuda, y probablemente si lo confrontas va a sentir mucha pena. Los expertos nos dicen que el poder de la pornografía para dominar la mente es tan intenso como el de la adicción a alguna droga o al alcohol.

La Biblia es clara cuando habla acerca de la inmoralidad. "Pues la voluntad de Dios es vuestra santificación; que os apartéis de fornicación" (1 Tesalonicenses 4:3). La palabra "santificado" significa "apartado para algo" o santo. Somos desafiados a ser diferentes al resto del mundo.

Es importante que destaquemos que en el griego del Nuevo Testamento la palabra "porneia" se traduce en "inmoralidad." Esta es la raíz de la palabra "pornografía." La Biblia es clara: debemos evitar toda clase de inmoralidad sexual y esto incluye el uso de la pornografía por la Internet. Otra escritura nos dice que "huyamos de toda inmoralidad sexual" (1 Corintios 6:18).

Tu padre puede que esté sufriendo al tener que lidiar con la tentación y con su deseo de evitar la pornografía. Entonces ¿qué debes de hacer? No creo que sea tu lugar el ayudar a tu padre a salir de su problema con la pornografía. Pero como encontraste esa evidencia, lo deberás confrontar- en amor, no enojado- acerca de lo que encontraste. Te aconsejo que digas algo como esto, "Papá, encontré un nuevo historial de sitios pornográficos en tu computadora. Estoy seguro que no quieres seguir yendo por ese rumbo. ¿Por qué no buscas algunas organizaciones que te puedan ayudar?" Tal vez le quieras animar a que platique con un pastor o un consejero cristiano.

Yo pienso que también debes de mostrar tu amor y orar por el. Si continúas encontrando evidencia de que él sigue envuelto en la pornografía, habla con un pastor o alguien que te aconseje en como sobrellevar este problema. En estos tipos de situaciones, podemos y debemos alcanzar a nuestros seres queridos. Pero ellos son los que al fin de cuentas toman las decisiones si quieren cambiar.

El amor, el ánimo, y el perdón trabajan juntos para enderezar las vidas de muchos hacia lo mejor de parte de Dios.

ASÍ QUE, SIGAMOS LO QUE CONTRIBUYE A LA PAZ Y A LA MUTUA EDIFICACIÓN.

ROMANOS 14:19

LA PREGUNTA DE LAS MUJERES

¿Qué dice la Biblia acerca de las mujeres en el ministerio? Soy una muchacha y tengo una muy buena relación con Dios. El año entrante voy a la universidad, y siento que Dios me está llamando a un ministerio para la juventud. Les he dicho esto a varios de mis amigos, y ellos me dicen lo que opinan. Dicen que no creen que las mujeres no deberían de ser ministras porque es el trabajo de un hombre. No sé que hacer.

Has preguntado algo muy controversial. La iglesia ha estado dividida en este asunto por siglos y especialmente durante la mitad del siglo veinte. La mayoría de los cristianos, a causa de la iglesia Católica por todo el mundo, y la iglesia evangélica conservadora, tienen la práctica de no "ordenar" a las mujeres como pastoras. La mayoría de las iglesias protestantes, muchas iglesias pentecostales, y las iglesias evangélicas progresivas son más aptas en ordenar mujeres.

La mayoría de las iglesias estarían de acuerdo de que las mujeres hacen la mayor parte del trabajo en la iglesia. Por lo general son las mujeres las que se encargan de los pobres y visitan a los enfermos y oran por los que están en necesidad. La mayoría de las mujeres se encargan de las clases infantiles, enseñan en la escuela Dominical, y organizan los eventos de la iglesia. Aunque alguna iglesia permita o no que se ordene a una mujer como pastora, muy pocos no estarían de acuerdo conmigo en que las mujeres son líderes claves en las iglesias. En generaciones anteriores y aun durante el tiempo en el que la Biblia fue escrita, mucha gente pensaba que las mujeres eran inferiores a los hombres. Afortunadamente, esta no era la opinión de Jesús. Jesús tenía lo que era una forma de pensar muy radical en sus días, que un hombre y una mujer eran uno en Cristo. Algunos de los rabinos miraban a las mujeres en los días de Jesús casi como menos que un perro. Pero ese no era el punto de vista de Jesús.

Regresando a tu pregunta. La gente cristiana tiene por lo general dos opiniones en este asunto. La primera opinión va de acuerdo con tus amigos en que la mujer no debe ir al ministerio. La frase más comúnmente citada de la Escritura en ese punto de vista se encuentra en 1 Timoteo 2:9-15. Uno de los versículos dice: "Porque no permito a la mujer enseñar, ni ejercer dominio sobre el hombre, sino estar en silencio" (1 Timoteo 2:12).

En unos cuantos versículos más atrás, en 1 Timoteo 2:9 Pablo escribe: "Asimismo que las mujeres se atavíen de ropa decorosa, con pudor y modestia: no con peinado ostentoso, ni oro, ni perlas, ni vestidos costosos..." Hay muchas referencias bíblicas que se aplican específicamente para el contexto histórico de esos días. La primera opinión dice que las mujeres no deben de ser pastoras o diaconisas pero denomina la Escritura acerca del peinado ostentoso y de la ropa en el contexto histórico de esos días.

Personalmente, tengo un gran respeto por las personas que tienen este punto de vista si tienen la integridad bíblica de mantener también el resto de los otros aspectos que aparecen en las Escrituras. Hay iglesias que están creciendo, que aman al Señor y que tienen este punto de vista.

Otros, incluyéndome a mi, creen que Dios usa a ambos, hombres y mujeres, para que hagan la obra del Señor. En mi experiencia personal, algunas de las personas más finas que yo he conocido en el ministerio son mujeres. Su amor y pasión por Dios y la voluntad de ser usadas por Él son inspiración para mí. Pero claro, preguntaste lo correcto, "¿Qué dice la Biblia acerca de esto?" Yo creo que el Nuevo Testamento les dio la libertad a las mujeres de hacer todo tipo de trabajo en la iglesia que cualquier hombre pueda hacer.

Obviamente, en el campo misionero las mujeres han estado al frente de iglesia por años. Yo creo que en los ojos de Dios "no existe lo masculino o femenino" cuando se trata de que Él use a alguien para que ministre. Estoy tan feliz que mujeres y hombres de Dios estén influenciando a mis tres hijas adolescentes en su grupo de jóvenes.

En el aspecto personal, las hermosas predicaciones de Anne Graham Lotz me han conmovido en gran manera. Su papá es uno de mis héroes, el Dr. Billy Graham. Se cita que el ha dicho que, "Ann es quien predica mejor en la familia Graham."

Los debates continuarán por siglos en la cuestión de las mujeres en el ministerio. Los dos lados citan las Escrituras, y ambos lados quieren seguir la voluntad de Dios. Aquí es en donde querrás buscar consejo sabio y definitivamente buscar la dirección de Dios y su voluntad para tu vida. Haz la oración de Santiago, cuando dice: "Y si alguno de vosotros tiene falta de sabiduría, pídala a Dios, el cual da a todos abundantemente y sin reproche, y le será dada" (Santiago 1:5).

Un simple querer seguir la voluntad de Dios ha abierto puerta y hecho que sueños se vuelvan realidad en las vidas de muchas mujeres.

YA NO HAY JUDÍO NI GRIEGO; NO HAY ESCLAVO NI LIBRE; NO HAY VARÓN NI MUJER; PORQUE TODOS VOSOTROS SOIS UNO EN CRISTO JESÚS.

GALATAS 3:28

UN PADRE QUE TE AMA

Odio a mi papá. ¿Qué puedo hacer? Hace tres meses mí papá y yo tuvimos una discusión muy grande. Me dijo cosas muy rudas, y salí muy lastimado. Mis padres están divorciados, y siempre he sentido rencor contra él. Me trata como si yo fuera un error. De hecho a veces me dice que lo soy. Cuando lo confronté acerca de eso me hizo sentir terriblemente.

Ningún padre debiera decirle a ninguno de sus hijos que él o ella es un accidente. Si tu papá te dijo eso, creo que deberías escribirle una carta y decirle lo mucho que te lastimó. Aun si no responde en la manera que tú esperas, por lo menos con eso lo enteras de cómo te sientes. No uses la carta como pretexto para "desquitarte" con tu papá. Sólo dile el mucho dolor que te han causado sus palabras. Espero que tu papá recapacite y te pida disculpas.

Quiero estar seguro que sabes lo que tu Padre celestial siente por ti: "Padre de los huérfanos y defensor de las viudas es Dios en su santa morada. Dios hace habitar en familia a los desamparados; saca a los cautivos a prosperidad; mas los rebeldes habitan en tierra seca" (Salmo 68:5-6).

Tu Padre celestial te ama. El está orgulloso de ti, y quiere lo mejor para ti. Cuando sabes que tienes un Padre celestial que es amoroso, es más fácil bajar las expectativas para aquél padre imperfecto. Aquí está mi consejo para que puedas sobrellevar a tu padre terrenal.

En sentido figurado, ¿podrías andar en sus zapatos? ¿Cómo era la vida en su familia cuando era un muchacho? ¿Cuáles son sus preocupaciones y problemas? ¿Hay algo que tú hayas hecho o dicho que haya contribuido al deterioro de la relación de ustedes?

Conozco a una mujer que había sido abusada física y emocionalmente por su madre cuando era niña. Cuando se dio cuenta que padecía una terrible depresión, tal vez su dolor no desapareció, pero sí le ayudó entender por que la relación de ella y su madre fue tan pésima.

Busca consejo y apoyo. Cuando no recibes mucho apoyo en tu hogar, es aun más importante que seas activo en el grupo de jóvenes de tu iglesia. Allí se espera que puedas hallar un refugio de amor y de apoyo. Nadie podrá jamás reemplazar a un padre, pero tu familia "adoptiva" puede suplir algunas de tus necesidades de una relación positiva. Pídele a tu líder de jóvenes o al pastor sugerencias de cómo tratar la situación con tu padre.

Sigue trabajando en la relación tuya y de tu papá. Tu papá siempre va a ser tu papá. Tal vez tengas que perdonarlo por haberse divorciado y la pésima relación que tiene contigo antes de que las cosas puedan mejorar. A medida que crezcas y madures, puede que empieces a dar pasos hacia una reconciliación con él.

Mantente cerca de tu Padre celestial. Dios puede y va a ayudarte a llenar ese vacío en tu vida. Jesús les dijo a sus discípulos que clamaran "Abba," la palabra hebrea significa "papi." Dios quiere que nos acerquemos a Él en la forma en que un niño se le acercaría a su padre. Preséntate delante de tu Padre celestial a menudo y pídele que esté involucrado hasta en el más pequeño detalle en tu vida.

En Dios, siempre tendrás un Padre a quien puedas recurrir.

SED, PUES, MISERICORDIOSOS, COMO TAMBIÉN VUESTRO PADRE ES MISERICORDIOSO.

LUCAS 6:36

LA VERDAD SIN RESERVAS

TEJIENDO UNA DIFERENCIA POSITIVA

¿Cómo me libro de este equipaje extra con el que cargo para poder empezar a vivir mi vida y disfrutarla? He sido rechazado muchas veces en el pasado y las burlas que he recibido han dejado cicatrices. A causa de estas cicatrices, ahora tengo un problema social enorme. No puedo formular palabras para hablar con la gente. He estado leyendo mi Biblia y he orado mucho, aun así todo parece que se pone peor.

Creo que estás empezando por un buen camino con la oración y leyendo tu Biblia. De esas dos maneras, hablando con Dios y leyendo su Palabra encontrarás la guía y la sanidad que necesitas desde el punto espiritual.

Déjame y primero te digo lo que no debes hacer con las burlas y tus cicatrices. No hagas lo que una muchacha adolescente del estado de Michigan hizo hace unas semanas. Ella era "gótica" y leía libros de brujería. Muchas veces sus compañeros se burlaron e hicieron bromas acerca de ella. Inclusive algunos cristianos que debieron haberse portado de mejor manera se burlaron. Un día en uno de sus momentos de desanimo se suicidó. Obviamente tenía problemas. De alguna forma u otra escogió una solución permanente para un problema temporal.

Cuando la gente queda marcada a causa del rechazo pueden hacer dos cosas: pueden sobreponerse o pueden hacer notorio su dolor con algún comportamiento destructivo. El suicidio es solamente una de las muchas formas de demostrar este comportamiento destructivo. Otros tipos de comportamientos destructivos incluyen las drogas, promiscuidad sexual, violencia, reclusión, desórdenes alimenticios, hasta cortarse el cuerpo para llamar la atención, y la lista sigue y sigue. Los comportamientos destructivos negativos nunca hacen que el dolor se vaya permanentemente. Solamente lo suprime por un momento y por lo general causa más dolor y rechazo.

Estás haciendo lo correcto. Estás soportando tu dolor y tratando de hacer una diferencia positiva en tu vida. Sigue leyendo tu Biblia y continúa orando. Mientras más te acerques a Dios vas a experimentar más y más de su presencia y paz en tu vida. También busca amigos y adultos que te animen en lugar de personas que se vayan a burlar de ti. Aunque los grupos de jóvenes de las iglesias no son perfectos, hay gente que son como tú y que también quieren superar sus problemas y tienen también un deseo sincero de acercarse a Dios. Finalmente, no te olvides de buscar el consejo sabio de alguien que te pueda ayudar a aconsejarte acerca de tu pasado. El principio bíblico es claro: "Donde no hay dirección sabia, caerá el pueblo; mas en la multitud de consejeros hay seguridad" (Proverbios 11:14).

Continúa tejiendo esa red de seguridad alrededor de tu vida y observa el crecimiento cuando ocurre.

TÚ GUARDARÁS EN COMPLETA PAZ A AQUEL CUYO PENSAMIENTO EN TI PERSEVERA; PORQUE EN TI HA CONFIADO.

ISAÍAS 26:3

CORAZONES AGRADECIDOS

¿Cómo puedo actuar como una cristiana verdadera sin juzgar a otros o sin ponerme a mí misma más en alto? Últimamente me he dado cuenta de que religiosamente juzgo demasiado a otras personas. Trato de no hacerlo pero es muy difícil.

Apenas esta mañana leí este versículo y lo escribí en mi diario. Me desafió, y tal vez también a ti te va a desafiar. "Antes del quebrantamiento se eleva el corazón del hombre, y antes de la honra es el abatimiento" (Proverbios 18:12).

Cuando me humillo delante de Dios y confieso mis pecados, es extremadamente difícil para mí el juzgar a alguien más. En mi caso, entre más pasan los años más me humillo a causa de mis pecados y fallas, y he aprendido a ser más paciente con otros.

Aquí hay unas cuantas palabras fuertes de la boca de Jesús. "No juzguéis, para que no seáis juzgados" (Mateo 7:1). He descubierto que cuando me pongo a juzgar a otros, usualmente es a causa de envidia o celos, o debido a mi propia falta de confianza.

Cada día cuando oro paso un buen tiempo alabando a Dios y exaltándolo en la forma que se merece, y le agradezco por todo lo que Él ha hecho por mí, y francamente le confieso mis pecados. La confesión diaria de los pecados es una forma para humillarnos a nosotros mismos y mantenernos lejos del juzgar a otros. Al alabarlo y agradecerle nos acordamos también que no se trata de que nosotros seamos alabados sino Él. Cuando le damos el lugar a Dios que el se merece en nuestras vidas no le queda mucho lugar a los prejuicios.

Después de todo, sin el sacrificio de Cristo todos no pasamos de ser pecadores y quedarnos cortos de la gloria de Dios. Puede que tengas un amigo o un miembro de la familia que tenga pecados asquerosos en su vida, pero comparado con la perfección de nuestro Salvador, ni tú ni yo somos un gramo más justos que esa persona.

Tengo un amigo que me dijo que él solía ser una persona muy prejuiciosa. De hecho, él era mucho mejor que el resto de su familia a la cual el juzgaba. Un día decidió que el juzgar era el trabajo de Dios no de él. Como prueba de su arrepentimiento, le entregó esos sentimientos acerca de su familia a Dios.

Dos cosas pasaron casi de inmediato. Primero, se sintió libre para poder amar y aceptar a su familia, lo cual le dio también un sentimiento de paz. Segundo, su relación con su familia mejoró mucho y todo gracias a que sintieron que él ya no los juzgaba. Algunos de los miembros de su familia de hecho se convirtieron a Cristo después de que dejaron de sentir que los estaba juzgando.

Entrégale tu actitud de juzgar a los demás a Dios, y sin duda serás una persona más contenta, y también cabe mencionar que tendrás un mayor impacto con aquellos a los que solías juzgar.

Un corazón lleno de humildad no tiene espacio para juzgar.

ENCAMINARÁ A LOS HUMILDES POR EL JUICIO, Y ENSEÑARÁ A LOS MANSOS SU CARRERA.

SALMO 25:9

EL REGALO DEL LIBRE ALBEDRÍO

¿Por qué Dios deja que cosas como los asesinatos acontezcan? Yo estoy firme en mi fe, y confío en Dios. Pero quiero saber por qué es que a la gente buena le acontecen cosas malas. Sé que todo lo que pasa tiene una razón, ¿pero por qué es esto?

Dios escogió no crear marionetas. Nos dio a todos la voluntad de decidir por nosotros mismos. Él nunca nos prometió alejar todas las cosas malas de nuestras vidas; El prometió estar con nosotros en medio de los momentos difíciles. Dios escogió que viviéramos en un mundo caído donde hay asesinatos e injusticia. Por eso, Él usa a gente buena como tú y yo para hacer de ese mundo un mejor lugar.

Preguntaste algo que siempre está en la mente de muchos de nosotros. De hecho hay un libro muy popular de hace algunos años con el titulo Cuando Cosas Malas le Pasan a la Gente Buena. Hay una balacera en una escuela y la gente quiere saber por qué. El holocausto ocurrió durante la Segunda Guerra Mundial, y queremos respuestas para esta tragedia desoladora. Un o una gran joven queda paralizado(a) de por vida a causa de un accidente fuera de lo común, y pedimos el punto de vista de Dios, si es que no lo culpamos primero.

Preguntaste algo muy importante, aun así no puedo darte una respuesta lo suficientemente satisfactoria. Quiero decirte que hay un versículo en la Biblia muy sencillo que hace que todas las cosas malas sean buenas. No puedo encontrar una respuesta más sencilla a la que pueda recurrir en la Biblia. Romanos 8:28 dice: "Y sabemos que a los que aman a Dios, todas las cosas les ayudan a bien, esto es, a los que conforme a su propósito son llamados." Creo que esta Escritura es cierta, pero aun así es difícil responder el "porqué" de tu pregunta.

La mayor respuesta es que nosotros no somos Dios y que nadie nunca en realidad sabe por que a la gente buena le pasan cosas malas. Todo lo que te puedo decir es que en los momentos de tragedia, honestamente creo que Dios se preocupa en gran manera por nuestro sufrimiento. El lloro cuando uno de sus amigos murió (Juan 11:35), y llora con nosotros en nuestro dolor y tragedia. Por alguna razón escogió no solamente darnos la voluntad par decidir por nosotros mismos, sino también un mundo que está envuelto en una batalla espiritual entre el bien y el mal.

Al leer la Biblia, nos damos cuenta de que Dios al final tendrá la victoria. Pero por lo pronto el mal reina juntamente con el bien en este mundo perdido. Parte del crecimiento de una fe madura en Cristo proviene del ser capaces de vivir con la tensión de la incertidumbre de algunas cosas a la vez que mantener la certeza de que Dios sabe lo que hace inclusive cuando no tengamos respuestas sencillas para preguntas como la tuya. Haz todo lo que puedas para pelear a favor de la justicia y déjale el resto a Dios.

Confía en que Dios hará lo que es bueno y justo desde su perspectiva eterna.

A los cielos y a la tierra llamo por testigos hoy contra vosotros, que os he puesto delante de la vida y la muerte, la bendición y la maldición; escoge, pues, la vida, para que vivas tú y tu descendencia.

Deuteronomio 30:19

LO MEJOR ESTÁ POR VENIR

¿Qué puedo hacer? Pensé que mi vida iba a mejorar desde que acepté a Cristo en mi vida. Tal parece que todo está empeorando. Hace poco fui a un campamento cristiano. Me dijeron que si le entregaba mi vida a Cristo iba a ver grandes resultados porque había dejado que Dios entrara en mi vida. Así que hice lo que me dijeron. Dejé de beber y me entregué por completo a Dios. Pero desde que mis amigos notaron que dejé de beber dejaron de juntarse conmigo. Ya no me contestan las llamadas y no mi invitan a salir con ellos. No he oído nada de ellos por muchas semanas. Por favor, ayúdame.

Desde el punto de vista eterno, tu vida sí se ha mejorado. Al dejar que cristo tome el control de tu vida vas a notar cambios. Esta es la manera en que yo lo entendí. ¿Te gustaría que el Salvador del mundo guiará tu vida o preferirías hacerlo tú? No sé tú pero yo preferiría tener la presencia de Dios en mi vida y tratar de hacerlo todo por mí mismo.

De todas formas, si tus amigos en el campamento te dijeron que al darle tu vida a Cristo haría que todo mejorara, entonces accidentalmente te llevaron a una conclusión equivocada. El cambio en tu relación con Dios es inmediato, vista desde la perspectiva espiritual, y eso es lo más importante. Aunque eso a veces significa que otras partes de nuestra vida se volverán más complicadas.

Cuando yo me convertí a la edad de dieciséis años, terminé cambiando mi grupo de amigos a causa de su influencia negativa que tenían en mi vida. Si tus "compañeros" de copas han dejado de llamarte por teléfono, puede que eso termine siendo algo bueno aun si causa dolor al principio.

En cuanto a tu relación eterna con Dios has hecho la decisión correcta. Recuerda que Él nunca nos ha prometido una vida fácil aquí en la tierra. Dos promesas en la Biblia que se me vienen en mente. Dios dijo: "Nadie te podrá hacer frente en todos los días de tu vida; como estuve con Moisés, estaré contigo; no te dejaré, ni te desampararé" (Josué 1:5). No importa lo que pase, Dios ha prometido estar a tu lado. Aun si por lo pronto tus amigos no te llamen el promete SIEMPRE estar presente en tu vida.

Otra gran promesa de parte de Dios se encuentra en el Salmo 37:4, "Deléitate asimismo en Jehová, y él te concederá las peticiones de tu corazón." Tu trabajo es deleitarte en Dios, y su trabajo es cumplir su promesa de traerte el deseo de tu corazón. Cuando se trata de tu compañera de matrimonio, vocación, amistades, y estilo de vida, es necesario que le entregues esas áreas a Dios, porque Él te ha prometido darte la dirección que necesitas para vivir la vida junto a Él. Recuerda que Él nunca ha prometido quitar todas las dificultades y problemas. Pero Él dijo que estaría contigo para ayudarte a pelear en todas las batallas de tu vida.

Nuestro trabajo es ser fieles a Dios. Su trabajo es mostrarnos una nueva y mejor manera de vivir nuestra vida en la tierra.

PORQUE TODO LO QUE ES NACIDO DE DIOS VENCE AL MUNDO; Y ESTA ES LA VICTORIA QUE HA VENCIDO AL MUNDO, NUESTRA FE.

1 JUAN 5:4

TU PROPIO ESTILO

Mis amigas, a quienes quiero mucho, tienen el hábito de hacer comentarios acerca de mi ropa. Soy muy cautelosa de usar ropa modesta y nada que uso es inusual. En verdad me duele, porque cuando voy a comprar algo me aseguro de que lo voy a utilizar varias veces. De todas formas me encuentro siendo afectada por las opiniones de mis amigas cada mañana cuando voy a escoger que ropa usar.

Mi mamá me dice que solamente tienen envidia o que buscan de formas en que mandarme porque yo tengo más ropa que ellas. Pero en verdad me siento avergonzada cuando dicen algo de mí en público. ¿Cómo puedo sobreponerme de este criticismo a la vez que puedo disfrutar mi propio gusto y estilo? Me frustra mucho que esto tenga un impacto tan grande en mí.

Tus amigas hacen mal al molestarte acerca de tu ropa. No sé si en verdad tengan envidia o si simplemente han caído en el hábito de burlarse porque ven que te molesta. Me impresiona que no vayas con la corriente y que te vistas en la forma en que te sientas más cómoda y con modestia. Debieras ser felicitada y no que te pongan en ridículo.

Esto es lo que yo haría. Tomaría cada uno de tus amigos o amigas aparte y les diría cara a cara lo incómodo que te sientes cuando otros se burlan de ti y de tu ropa. No lo haría con coraje, más bien casual y sinceramente. A nadie le gusta que se burlen de su ropa, y nadie que se viste con modestia y estilo merece que se burlen de ella.

En la generación de hoy en día, tú deberías lograr que te elogien. Si tus amigas te siguen molestando, o si la situación se vuelve peor, puede que entonces sea tiempo de que busques otras amigas.

¡Cuando te levantas a la par de Dios, Él se levanta a tu lado!

ESFORZAOS Y COBRAD ÁNIMO; NO TEMÁIS, NI TENGÁIS MIEDO DE ELLOS, PORQUE JEHOVÁ TU DIOS ES EL QUE VA CONTIGO; NO TE DEJARÁ, NI TE DESAMPARARÁ.

DEUTERONOMIO 31:6

LA VERDAD SIN RESERVAS

NO TEMAS

¿Cómo puedo ayudar a mi mamá? Mi padre nos abandonó cuando yo era más joven y mi madre se volvió a casar. Mi padrastro me agradaba mucho, y se me partió el alma cuando murió recientemente. Mi mamá ha empezado a tener citas, y espera casarse otra vez algún día. Quiero serle de ayuda, pero tengo miedo que conozca a alguien que sea negligente conmigo como lo hizo mi padre biológico, o que se muera antes de que lo llegue a conocer bien.

Por todo lo que haz pasado, lo que sientes en este momento es muy normal. Te animo a que encuentres apoyo a medida que pases por este momento tan difícil. Habla con un adulto en quien confíes y comparte tus sentimientos y temores. Necesitas de alguien quien te pueda ayudar a superar esta pérdida tan terrible durante este tiempo tan doloroso.

Aunque sea tan doloroso perder a otro padre, por favor no olvides que tu Padre celestial siempre estará cerca de ti. De hecho tu Padre celestial te dice en su Palabra que: "No te dejaré, ni te desampararé" (Josué 1:5). Lee este versículo a menudo. Deja que se vuelva el mensaje personal de Dios para confortarte.

Acerca de la probabilidad de que tu mamá se case otra vez, debes hacerle saber como te sientes. Obviamente la decisión de volverse a casar es totalmente asunto de ella. Aun así, merece que le digas como te sientes. Así que trátala con honestidad y sinceridad.

Si tu mamá se vuelve a casar, tu "nuevo padre" va a ser muy diferente del que perdiste. Pero debes tener ánimo. Aparentemente, tu mamá hizo un excelente trabajo al escoger a tu padrastro, así que ten la esperanza de que lo haga otra vez si conoce a otra persona.

Un último pensamiento. Trata de no pensar en tantas preguntas"¿Y que tal si...?" No pases el tiempo preocupándote en que es lo que puede pasar si tu mamá se vuelve a casar. Entrégale tus temores a Dios, quien promete encargarse de ti (Mateo 6:25-33).

En la cara de la esperanza, una expectación sincera de lo mejor de Dios hace que el temor corra y se esconda.

Y CONOCERÁS QUE YO SOY JEHOVÁ, QUE NO SE AVERGONZARÁN LOS QUE ESPERAN EN MÍ.

ISAÍAS 49:23.

PRACTICA Y PERSEVERA

¿Cómo puedo poner a Dios como primer lugar y así vivir para Él más que para mí mismo? A veces cuando estoy orando o leyendo la Biblia, empiezo a pensar en otras cosas que preferiría hacer, y sé que no está bien.

Todos pasamos por periodos en donde perdemos el enfoque. Tengo dos palabras que decirte: practica y persevera. Practica la presencia de Dios. Eso significa que debes practicar el mantenerte enfocado en Dios. Si estás orando, y duras solo dos minutos, muy bien- la próxima vez trata de llegar a los tres.

¿Alguna vez has practicado algún deporte, un instrumento musical, o ensayado para un drama en tu escuela? Cuando empiezas a practicar, es difícil imaginar que algún día lograrás tu meta. Pero por medio de la práctica lograrás alcanzarla. Así que empieza con una meta simple y agrégale mas metas.

Ahora, la práctica no siempre es sencilla, ¿o sí? Allí es donde la perseverancia entra en acción. Es la habilidad de mantenerte en la práctica aun cuando lo único que quieres hacer es dejar de practicar. Entonces, ¿por qué perseverar? Porque Dios promete que algo bueno ha de sobrevenir.

Personalmente, yo funciono mejor cuando hago una cita aparte a diario para hablar con Dios y leer su Palabra. Te animo a que busques tener un tiempo de "cita con Dios." Anota un tiempo para encontrarte con Él, también anota la cantidad de tiempo que te gustaría estar con Él, y algunas cosas específicas que te gustaría hacer durante tu tiempo con Dios (como la oración, un devocional, o leer la Palabra).

Otras ideas que te pueden ayudar:

1. Encuentra un lugar quieto que te aparte de las distracciones. Aléjate de la televisión y de la música de alto volumen. Si el clima está bien, y en caso de que te ayude, ve afuera. A veces la naturaleza es un lugar excelente para que puedas sentir la cercanía de Dios. O tal vez te guste orar en un sillón cómodo dentro de tu casa. Sólo encuentra un lugar que te ayude a concentrarte y mantenerte enfocado.
2. Encuentra un tiempo que sea adecuado para ti. No puedo tener mi tiempo de devoción u orar cuando ya es muy noche. ¡Soy famoso por haberme quedado dormido durante mis propias oraciones!
3. Sé creativo. Algunas personas se concentran más cuando escriben sus oraciones. O puedes cantar o escuchar música de adoración. Acerca de leer la Palabra, trata de ir más a fondo en el significado de algún pasaje, trata leyéndolo en tres o cuatro versiones distintas.

Dios nunca divide o resta cosas de tu vida,
Él solamente suma y multiplica.

VOSOTROS TAMBIÉN, PONIENDO TODA DILIGENCIA POR ESTO MISMO, AÑADID A VUESTRA FE VIRTUD; A LA VIRTUD, CONOCIMIENTO; AL CONOCIMIENTO, DOMINIO PROPIO; AL DOMINIO PROPIO, PACIENCIA; (Y) A LA PACIENCIA PIEDAD.

2 PEDRO 1:5-6

PALABRAS PROFANAS EN LA CLASE

Algunos de mis maestros dicen maldiciones cuando yo estoy presente y en verdad me molesta. Un maestro usa frases en el salón como: "O Dios mío." ¿Les debería de decir qué incómodo sus palabras me hacen sentir?

Si continúa molestándote, y te sientes obligado a hablar con tus maestros, entonces sin sermonear ni juzgar, habla con ellos. Algunas personas en tu situación simplemente lo ignorarían o lo tomarían como parte de la vida en un mundo perdido.

De todas formas la cosa más valiente que pudieras hacer es decirles amablemente que las cosas que ellos dicen te molestan. Yo diría algo como esto: "Señor López, estoy aprendiendo mucho en esta clase. Muchas gracias por tan arduo trabajo. Aunque tengo una petición que hacerle, no es por ser prejuicioso; pero ¿pudiera haber alguna forma en que disminuyera el uso de palabras profanas en la clase?" Así de sencillo.

A propósito, tienes la Biblia de tu lado. La Escritura es clara cuando dice: "No tomarás el nombre de Jehová tu Dios en vano; porque no dará por inocente Jehová al que tomare su nombre en vano" (Éxodo 20:7).

Dios recibe honra cuando eres valiente por la verdad.

**ALÉGRENSE LOS CIELOS, Y GÓCESE LA TIERRA,
Y DIGAN EN LAS NACIONES: JEHOVÁ REINA.**

1 CRÓNICAS 16:31

DIOS TE HA APROBADO

¿Cómo puedo hacer que mi papá me ame? Soy una joven de diecisiete años que la mayor parte del tiempo es feliz y quien tiene una gran pasión por Dios. Pero hay veces en que mi papá me dice cosas fuertes y yo me enojo tanto que me lastimo a mí misma físicamente- rasguños y moretones. Mi papá no se preocupa de mi vida, y me hace sentir como si nunca seré capaz de complacerlo. No he podido encontrar que es lo que pudiera hacer para que esté orgulloso de mí.

Quiero hablarte de dos problemas de tu carta que me escribiste. Primero, estoy muy preocupado acerca de la forma en la que tratas de sobrellevar tu dolor y problemas de tu vida. Cuando las personas se rasguñan, golpean, cortan, muerden o lastiman sus cuerpos, están reaccionando a los problemas en sus vidas de una forma que no es saludable.

Tienes razón de estar muy frustrada con los problemas entre tú y tu papá, pero lastimando tu cuerpo solamente va a hacer que las cosas empeoren. Esta semana, haz una cita con alguien de tu iglesia o de tu escuela que te pueda aconsejar y dile a él o a ella que quieres aprender a lidiar con tus problemas más eficientemente. Dile a esa persona que te has estado lastimando a ti misma y que no quieres reaccionar así cada vez que algo te cause pesar. Si eres como la mayoría de las personas que se cortan así mismos o que lastiman de alguna otra manera, estas personas por lo general quieren parar pero a veces simplemente no se pueden controlar. Busca ayuda en este momento antes de que este problema empeore.

Ahora hablemos de tu papá. Suena como si el tuviera problemas también. La mejor cosa que puedes hacer es decirle exactamente como te sientes. Dile que clase de relación sueñas algún día tener con él. Explícale como te siente cuando él te habla de manera tan fuerte. Dile que quieres que él esté orgulloso de ti y que a veces te preguntas si en verdad te ama.

Al traer estos problemas a la luz es una manera de tratar estos problemas de forma madura. Es bueno que trates de buscar el mejor momento para tener esta conversación, de esa forma tu papá no se va a sentir insultado. Por ejemplo, no le digas estas cosas cuando estén en medio de una discusión. Espera un momento más tranquilo, o ahorra dinero y llévalo a comer a alguno de sus lugares favoritos.

Si te sientes tan incómodo hablando directamente con él y que es demasiado pronto, entonces escríbele una nota y después hablas. Deja de enfocarte en que tantas cosas hace mal y enfócate en la clase de relación que te gustaría tener.

Tú no puedes componer a tu papá. Él necesita enfrentar sus problemas y buscar ayuda, y puede que en este momento no esté dispuesto. No dejes que eso te impida tomar una acción positiva. Habla con él y después haz todo lo que puedas para ayudarte a ti misma. Puede que él cambie o que no cambie. Pero con la ayuda de Dios, y con la ayuda de los consejos de una persona mayor, puedes descubrir lo que es el amor y el aceptarse a uno mismo.

Dios te ama y te acepta por quien eres tú- si Él puede, tú también.

MAS VOSOTROS SOIS LINAJE ESCOGIDO, REAL SACERDOCIO, NACIÓN SANTA, PUEBLO ADQUIRIDO POR DIOS, PARA QUE ANUNCIÉIS LAS VIRTUDES DE AQUEL QUE OS LLAMÓ DE LAS TINIEBLAS A SU LUZ ADMIRABLE.

1 PEDRO 2:9

RESPONSABLE EN TOMAR DECISIONES

¿Qué hago ahora? Mi mejor amigo me dijo que es gay. Me dijo que todavía no "salía del closet," pero yo más o menos sabía antes de que él me dijera. Ambos somos creyentes y quería que siguiéramos siendo mejores amigos.

De pronto dejó de asistir a la iglesia y las actividades del grupo de jóvenes, y eso en verdad me preocupó. Así que le dije a una de las encargadas del grupo de jóvenes acerca de su secreto, pensando que ella me podría ayudar a convencerlo a que regresara a la iglesia. Le dije a mi mejor amigo que yo había compartido esta información con nuestro líder de jóvenes, y ahora está enojado y no me quiere hablar. ¿Hice lo correcto?

Tu amigo no te quiere hablar porque se siente profundamente traicionado. Es seguro decir que está terriblemente apenado de que su secreto se haya propagado. Si yo fuera tú, le daba una gran disculpa por haber hablado con el pastor de jóvenes sin primero decirle que lo ibas a hacer. Esperemos que tu disculpa ayude a restaurar tu amistad.

Después de disculparte, explícale a tu amigo que estabas preocupada cuando él dejo de ir a la iglesia. Trata de descubrir el motivo por el cual dejó de asistir a la iglesia, y escucha con cuidado las razones que él te dé. Finalmente, anímale a que regrese a la iglesia.

Por favor no renuncies a tu amistad con él. Puedes estar en desacuerdo con el estilo de vida de una persona y aun mostrar que te preocupas e interesas por esa persona. Y sólo porque alguien te dice que es de cierta manera, no significa que no esté dispuesto a cambiar.

Aquí hay unos puntos que te pueden guiar en el proceso de ayudar a tu amigo en estos momentos difíciles:

- Haz lo que puedas a la luz de la Palabra de Dios y en el amor de Dios.
- Muestra interés y sé amigable sin importar lo que él te diga.
- Preséntale a tu amigo personas que sean un modelo positivo.
- Encuentra alguna manera de descubrir si alguna vez hubo un abuso. Muchas de las personas que tienen problemas de identidad sexual han sido abusadas sexualmente o físicamente.
- Demuestra lo que la Biblia enseña acerca de una sexualidad saludable.
- Promueve la sinceridad.
- Confronta con cuidado.

El desafío de tomar decisiones es aceptar la responsabilidad de sus consecuencias.

NUNCA SE APARTEN DE TI LA MISERICORDIA Y LA VERDAD; ÁTALAS A TU CUELLO, ESCRÍBELAS EN LA TABLA DE TU CORAZÓN.

PROVERBIOS 3:3

LA VERDAD SIN RESERVAS

EN EL MONTÓN CORRECTO

¿Qué tengo que decir o hacer para ser una de las del grupo de muchachas populares? Soy nueva en mi escuela, y quisiera ser popular. Creo que lo puedo ser: tengo un buen sentido del humor, y siempre hago reír a la gente.

Yo conozco a otra muchacha que ni siquiera es bonita, y está saliendo con el muchacho más guapo de mi escuela. Así que pienso que yo también puedo ser popular. Yo voy a una escuela cristiana, y aunque nadie es ignorado nunca, definitivamente hay un grupo de "populares."

Creo que tus palabras cubren todos los sentimientos de los jóvenes en las escuelas. Aunque dices que nadie se ignora en tu escuela, siento que te sientes un poco ignorada. Después de todo, no eres parte del grupo popular. Por cualquier razón, simplemente no te sientes parte de este grupo de populares- y anhelas serlo.

Pero piensa en esto: si lograras ser parte de ese montón, habrá muchos otros que no lograrán ser parte del montón, ¿correcto? Ellos se sentirán ignorados o que los hacen a un lado al igual que tú te sientes en este momento. Cuando la gente lucha por ser incluida en un grupo popular, alguien siempre queda excluido.

En vez de tratar de forzar tu entrada en algún grupo exclusivista, busca ser inclusiva. Trata de ser amiga con toda la gente que puedas. Evita ponerle títulos a la gente de "popular" y "no-popular."

Si tratas de ser una buena amiga de aquellos que vengan a ti, pronto te encontrarás disfrutando de la amistad con un gran número de personas- y no solamente de un grupo exclusivo pequeño.

El que se muestra amigable a todo el mundo gana muchos amigos.

NADIA HA VISTO JAMÁS A DIOS. SI NOS AMAMOS UNOS A OTROS, DIOS PERMANECE EN NOSOTROS, Y SU AMOR SE HA PERFECCIONADO EN NOSOTROS.

1 JUAN 4:12

UN AMIGO FIEL

¿Qué debo hacer? Mi mejor amiga no es cristiana. Sé que se supone que una debe de tener amigas cristianas, pero no puedo dejar de ser su amiga. Nosotras hacemos muchas cosas juntas, y siempre nos divertimos. Pero cuando le trato de hablar de Dios, me dice que no está lista para comprometerle su vida a Él. Yo la llevo a la iglesia todos los domingos. Ella dice que se le gusta ir, pero quiero estar segura de que ella entregue su vida a Dios.

Ser cristiana no significa que tienes que renunciar a todas tus amistades que no son cristianas. La gente que no es cristiana no son personas terribles. Al contrario, algunas de las personas más generosas y amables que yo conozco no son cristianas. Yo aprendo de esas personas, disfruto su compañía, y me desafían las preguntas que me hacen. Te animo a que sigas relacionándote con personas que no son cristianas porque mediante tu ejemplo de amor, ellos pueden llegar a conocer a Jesús.

Pero para ser un creyente en crecimiento, debes también tener amigos que te desafíen espiritualmente. Asegúrate de estar cultivando relaciones concretas con otros creyentes que te pueden ayudar a crecer en la fe. También te debo de dar una precaución respecto a la relación con amistades que no son cristianas. Ten cuidado de que esas amistades no te estén llevando a hacer, decir o pensar cosas que sean contrarias a tus valores cristianos.

En cuanto a tu inquietud de alcanzar a tu amiga, suena como que estás haciendo un buen trabajo. La llevas a la iglesia, oras por ella, compartes tu vida con ella. A veces tenemos que ganarnos el derecho de hablarles a otros de Jesús. Juan el apóstol nos dio unos consejos maravillosos cuando dijo: "Hijitos míos, no amemos de palabra ni de lengua, sino de hecho y en verdad" (1 Juan 3:18).

Puedes también testificarle a tu amiga al tener un estudio bíblico juntas. Te sugiero que vayan al evangelio de Marcos y que estudien la vida y las enseñanzas de Jesús. De esta manera ella va a darse cuenta aun mejor de quien es Jesús.

Nunca olvides que Dios se interesa por el alma de tu amiga aun más de lo que tú te interesas por ella. Tu trabajo es serle fiel a tu amiga. El trabajo de Dios hacer que ella se acerque a Él.

¡Qué pensamiento tan grande que Él te haya usado para influenciar a tu amiga por la eternidad!

Y YO, SI FUERE LEVANTADO DE LA TIERRA, A TODOS ATRAERÉ A MÍ MISMO.

JUAN 12:32

ORA DE TODAS FORMAS

¿Cuándo dejo de orar por alguien? Si oro por cada persona que me ha pedido que ore por su petición, entonces tendría una lista interminable. ¿Cuándo puedo ir recortando personas de mi lista? Se que Dios conoce nuestras carencias y necesidades aun antes que vengamos delante de Él, pero ¿acaso no debería yo mencionar a personas y sus situaciones en particular? Aun si las personas cambian, necesitan oración para que no vuelvan a caer en sus antiguos hábitos. ¿Qué hago?

Las personas por lo general manejan su vida de oración de diferentes maneras. A mí me gusta tener un diario. Escribo las peticiones y escribo los nombres. De vez en cuando, regreso a la lista y oro por las personas en las que no he pensado por algún tiempo. Seguido, al mirar en mi diario de oración me encuentro más motivado a orar por esas personas.

Una de las partes más importantes de la oración es que es comunicación de ambos lados. En nuestros momentos solitarios, podemos escuchar a Dios susurrar. La mayoría de las veces viene a nosotros como una idea o una impresión en nuestra mente. Durante los tiempos de silencio, Dios a menudo pone un nombre en nuestra mente para que oremos por una persona, y a veces pone una situación para que oremos por ella también.

Espero que ores a menudo por las personas cercanas a ti. Yo me convertí cuando tenía dieciséis años, y oré por que mi padre se entregara a Cristo. Mis oraciones por él fueron apasionadas y constantes durante el resto de mi preparatoria y hasta en la universidad. Después de varios años, sin embargo, empecé a orar menos y menos por él. No estoy seguro si perdí la fe o simplemente me volví perezoso. Pero después de muchos años, Dios me ha traído un gran gozo porque mi papá recientemente se convirtió.

No te rindas demasiado pronto en tus oraciones. Dios las oye, pero Él responde en su tiempo, no en el nuestro. Con el tiempo recibiremos una respuesta de su parte. En 1 Tesalonicenses 5:17, se nos ordena "orar sin cesar." Cuando oramos por otros, se nos asegura que Dios está cuidando de aquellos a quienes amamos. No puedo pensar en otra persona que pueda cuidar a quienes amamos mejor que Él.

Dios escucha con oído atento cuando oramos.

Porque los ojos del Señor están sobre los justos, y sus oídos atentos a sus oraciones; pero el rostro del Señor está contra aquellos que hacen el mal.

1 Pedro 3:12

LA VIDA ABUNDANTE DE DIOS

He aceptado que Jesús entre en mi corazón muchas veces, y cada vez en verdad sentí como que quería cambiar mi vida. Pero cuando estoy fuera de la iglesia no me siento de la misma manera. No estoy preparado para dejar algunas cosas por Jesús. No creo que lo ame lo suficiente para querer cambiar mi vida. Yo pienso que uno debe vivir su vida al máximo, y el cristianismo sólo se preocupa de la vida después de la muerte. Hay veces en que me encuentro deseando dejar de ser cristiano y vivir mi vida de la forma en que me gustaría vivirla. Por favor, podría darme algún consejo.

Creo que estás un poco confundido acerca del cristianismo. Jesús le dijo a sus discípulos: "Yo he venido para que tengan vida y para que la tengan en abundancia" (Juan 10:10). Eso me hace pensar que al Señor no solamente le interesa la vida después de la muerte.

El cristianismo es mucho más que la seguridad de una vida eterna con Dios después de que muramos. La mejor manera de vivir tu vida al máximo es viviéndola junto a Jesús como tu maestro. Encontrarás que Él no es el "gran aguafiestas." Al contrario, Él quiere guiarte a una vida de abundancia y de aventuras. Y Él hará esto a la vez que tú intentas obedecer su voluntad. Si confías en que el plan de Dios para ti es lo mejor, encontrarás que en efecto es mejor que cualquier cosa que tú hayas planeado por ti mismo.

No estás solo en la lucha de renunciar a cosas de este mundo. El apóstol Pablo dijo acerca de esta vida: "Y yo sé que en mí, esto es, en mi carne, no mora el bien; porque el querer el bien está en mí, pero no el hacerlo. Porque no hago el bien que quiero, sino el mal que no quiero, eso hago. Y si hago lo que no quiero, ya no lo hago yo, sino el pecado que mora en mí. Así que, queriendo yo hacer el bien, hallo esta ley: que el mal está en mí... ¡Miserable de mí! ¿Quién me librará de este cuerpo de muerte? Gracias doy a Dios, por Jesucristo Señor nuestro. Así que, yo mismo con la mente sirvo a la ley de Dios, mas con la carne a la ley del pecado" (Romanos 7:18-21, 24-25).

Nota que Pablo respondió su propio dilema cuando le agradeció a Dios por rescatarlo y darle vida eterna por medio de Jesús. Tú puedes hacer lo mismo. No rindas tu fe. Busca un grupo de cristianos sólidos que te ayuden a disfrutar día a día lo mejor que Dios tiene preparado para tu vida.

¡Dios quiere que tengas la mejor vida!

Y PODEROSO ES DIOS PARA HACER QUE ABUNDE EN VOSOTROS TODA GRACIA, A FIN DE QUE, TENIENDO SIEMPRE EN TODAS LAS COSAS TODO LO SUFICIENTE, ABUNDÉIS PARA TODA BUENA OBRA.

2 Corintios 9:8

PEQUEÑOS PASOS EN LA DIRECCIÓN CORRECTA

Sé que debo levantarme a favor de Dios y de lo que creo en la escuela, pero por alguna razón siempre tengo miedo de hacerlo. ¿Qué puedo hacer para no tener tanto miedo?

Muchas personas se sienten de la misma manera que tú. ¡No es fácil! Te animo a tomar "pasitos de bebé." Al pensar en llevar tu fe a la escuela, empieza con un poco. Hazte participante de un grupo de estudio bíblico en tu escuela para que puedas juntarte con frecuencia con personas cristianas. Después de que tomes un pequeño paso en la dirección correcta, creo que te sentirás más fuerte al levantarte a favor de Dios.

Cuando David, un miembro de mi grupo de jóvenes, se convirtió, era tímido en cuanto a compartir su fe. Le animé a que se congregara y orara con uno de los estudiantes en mi grupo de jóvenes antes de ir a clases durante algunos días entre semana. Gracias a ese tiempo de oración, decidieron empezar un estudio bíblico a la hora del desayuno.

Invitaron a algunos amigos, y el grupo empezó a crecer y crecer. Para el final del año, sesenta estudiantes se estaban reuniendo a la hora del lonche para orar y para un tiempo fraternal. David era uno de los líderes y se le invitó a que orara en la ceremonia de graduación de su escuela.

David es el ejemplo ideal de una persona que titubeó al pensar si debía de llevar su fe a la escuela, pero con sus "pasitos de bebé" fue capaz de tener más confianza de mostrar su fe en la escuela.

Lleva tu fe a la escuela (y a dondequiera que vayas)
un paso a la vez.

VOSOTROS TAMBIÉN, PONIENDO TODA DILIGENCIA POR ESTO MISMO, AÑADID A VUESTRA FE VIRTUD;
A LA VIRTUD, CONOCIMIENTO;
AL CONOCIMIENTO, DOMINIO PROPIO;
AL DOMINIO PROPIO, PACIENCIA;
A LA PACIENCIA PIEDAD;
A LA PIEDAD, AFECTO FRATERNAL;
Y AL AFECTO FRATERNAL, AMOR.

2 PEDRO 1:5-7

CONSTRUYENDO LA CONFIANZA

Necesito tu ayuda. Me gusta salir con mis amistades, pero mi mamá por lo general no me deja. Soy una buena chica. No bebo, fumo o tengo relaciones sexuales. Me enojo tanto con ella. Termino sentada en mi casa mientras mi grupo de amigos y amigas están divirtiéndose. La mayoría de mis amigos y amigas más cercanos me entienden, pero estoy empezando a perder amistades, y ya te has de imaginar como aleja eso a posibles pretendientes, nada más por que ella nunca me deja hacer nada. ¿Qué hago?

Los padres están en el "negocio de la protección," y pienso que tu trabajo es ganarte su confianza. Al mostrar que eres digna de confiar, lo más normal es que empiecen a confiar más en ti. Cuando estés tratando de llevarte bien con tus padres recuerda esto:

1. Nadie los mandó a clases de entrenamiento para padres. Aun están tratando de descifrar como ser padres. Recuerda, son personas, y ellos también cometen errores.

2. Tus padres están corriendo en pánico. Tal vez nunca te vayan a decir esto, pero cuando se trata de criarte, deben de estar un poco asustados. Después de todo es muy fácil cometer errores durante la adolescencia. Ellos lo saben porque es probable que hayan cometido algunos errores mientras crecían.

3. Los padres a menudo expresan su interés y preocupación protegiendo exageradamente. Esto no significa que siempre lo que

hagan sea lo correcto, pero probablemente si significa que en verdad te aman.

4. Tal vez tus padres estén pasando por alguna crisis de identidad. Al igual que tú, tienen sus propios problemas con los que tienen que lidiar, y a veces desquitan ese estrés con la familia.

La mayoría de las críticas tienen por lo menos un granito de verdad en ellas, así que busca maneras de oír, escuchar y responder en humildad a las críticas de tu mamá. Primero que nada, dices que tú no bebes, fumas o que no tienes relaciones sexuales. Pero, ¿y tus amigos y amigas? ¿Es posible que tu mamá esté preocupada porque ve cosas en tus amistades que teme que se te vayan a pegar a ti?

Si en verdad crees que tu mamá está siendo totalmente irrazonable, te aconsejo que consigas a una tercera persona que escuche a las dos y sus preocupaciones. Esta persona podría ser tu pastor, un pastor de jóvenes, o un consejero de carrera. Tú necesitas a alguien que les ofrezca a ti y a tu mamá guía y consejo sin prejuicios. Pase lo que pase, en medio de la batalla trata de darle un poco de ventaja a tu mamá. Es probable que esté tratando de hacer lo mejor que puede.

Un corazón de obediencia genuina gana una reputación digna de confianza.

HIJOS, OBEDECED A VUESTROS PADRES EN TODO, PORQUE ESTO AGRADA AL SEÑOR.

1 COLOSENSES 3:20

LA VERDAD SIN RESERVAS

CAMBIA EL RUMBO

Estoy tan harta de todos los chismes que escucho en la escuela. No quiero ser parte de estas conversaciones, pero no sé si debiera de decirles que lo que están haciendo está mal. ¿Qué debo hacer?

Los chismes son como los incendios forestales. Se pierde el control y se dispersan rápidamente. La Biblia le da un lugar a los chismes en la misma línea de la envidia, la perversión sexual, y aun matar a alguien (lee Romanos 1:29). Así como podemos matar a alguien con una pistola, debemos de tener cuidado de no "matar" a alguien con nuestra lengua. El chismear es señal de baja autoestima, un mal hábito o ambos. Lo mejor que puedes hacer es no participar en eso. Pero, cuando te encuentras en una situación donde las personas alrededor de ti están chismeando, tú tienes algunas opciones:

1. Aléjate.
2. Dile a tus amigas que el decir chismes está mal y refiéreles la vieja frase de que, "si no pueden decir nada bueno, mejor que no digan nada."
3. Cambia el rumbo de la conversación al decir algo positivo o simplemente cambiando de tema.

Las palabras son poderosas, y nuestras lenguas son hipócritas. Santiago 3:9 dice, "Con ella (la lengua) bendecimos al Dios y Padre, y con ella maldecimos a los hombres, que están hechos a la semejanza de Dios." Efesios 4:29 nos dice que digamos sólo lo que sea "bueno para la necesaria edificación, a fin de dar gracia a los oyentes." Tu ejemplo positivo es la mejor manera de alejar a tus amigas de estar chismeando.

Si no tienes nada bueno que decir de alguien,
simplemente no digas nada.

POR LO CUAL, ANIMAOS UNOS A OTROS, Y EDIFICAOS UNOS A OTROS, ASÍ COMO LO HACÉIS.

1 TESALONICENSES 5:11.

LA VERDAD SIN RESERVAS

CONTRA LA EVOLUCIÓN

Yo asisto a una escuela pública, y en nuestras clases de ciencia nos enseñan de la teoría de la evolución. ¿Cómo me comporto cuando mis maestros me dicen que provengo de un gorila?

Yo tuve un problema similar en una de mis clases de la universidad. Recuerdo las frustraciones por las que pasé, pero yendo a estudiar lo que yo creía me ayudó a sobreponerme. Tú también toma la decisión de cómo vas a manejar esta situación. Si te lo permiten puedes tomar la clase de ciencia en tu hogar, mientras que tomas otras clases en tu escuela pública. O, puedes buscar a otro maestro en tu escuela que comparta tus mismas creencias y pide que te cambien a su clase.

De todas maneras, no pienses simplemente en estas situaciones sin antes haber considerado seriamente el quedarte en tu clase y estudiando al doble de lo que necesitas para tu calificación. He visto a estudiantes que leen sus libros, escuchan en la clase, y después estudian libros que tienen otro punto de vista. También pasan tiempo platicando con pastores acerca de la creación.

Puedes intentar discutir con tu maestro de ciencia, pero mi experiencia me dice que eso por lo general no funciona tan bien como lo hace el invertir un tiempo extra estudiando ambos lados y deduciendo tus creencias por ti mismo. Lo importante en esta situación es explorar las teorías de la evolución y de la creación por ti mismo para que tengas confianza en Dios y en tu fe en Él.

Dios es el creador y el que ha hecho todo.

ENTONCES JEHOVÁ DIOS FORMÓ AL HOMBRE DEL POLVO DE LA TIERRA, Y SOPLÓ EN SU NARIZ ALIENTO DE VIDA, Y FUE EL HOMBRE UN SER VIVIENTE.

GÉNESIS 2:7

INFLUENCIAS SALUDABLES

Yo quería ir a ver una película de clasificación PG-13 con unos de mis amigos, pero mis padres me dijeron que no. Me dijeron que lo que entra en mi mente sale en mis acciones. Pero ellos ven películas clasificadas R. Si como cristianos se supone que debemos glorificar a Dios, ¿por qué pueden ellos ver películas de clasificación R y yo no puedo ver películas de clasificación PG-13?

Para los cristianos de hoy en día, no es fácil tomar una decisión cuando se trata de las películas y sus clasificaciones. Estoy seguro que tu estarás de acuerdo conmigo que porque una película sea clasificada PG-13 no significa que está tan limpia que se pudiera poner durante la escuela dominical.

¿Cómo es que tus padres cristianos ver una película de clasificación R? Esa decisión es entre ellos y Dios. A veces los padres pueden parecer algo hipócritas por las cosas que hacen, pero usualmente en verdad tienen una razón de tomar las decisiones que toman. Si yo fuera tú en una forma lo menos acusadora posible, les preguntaría como basan sus decisiones de que películas ven, tanto como adultos y como cristianos. Puede que aprendas algo, y en unos cuantos años más tú vas a tener que tomar esas mismas decisiones por ti mismo.

Rápidamente te estás moviendo de la infancia hacia la vida adulta, y una de las partes más importantes de la descripción del trabajo de ser tu papá y mamá, es enseñarte a discernir que clase de influencias son saludables para ti y cuales no lo son. Te guste o no, los padres están en el "negocio de la protección." Me da gusto de que tus padres se interesen lo suficiente por ti para que puedas tomar esas decisiones.

No hay lugar para la negociación con tus padres. Pero te animo a que practiques la paciencia y el respeto cuando no estés de acuerdo con ellos. Y trata de aprender algo por medio de sus decisiones. En unos cuantos años tú vas a tener que decidir que películas vas a ver- y Dios debe de estar incluido en estas decisiones.

Cuando dudes, desecha la duda.

POR LO DEMÁS, HERMANOS, TODO LO QUE ES VERDADERO, TODO LO HONESTO, TODO LO JUSTO, TODO LO PURO, TODO LO AMABLE, TODO LO QUE ES DE BUEN NOMBRE; SI HAY VIRTUD ALGUNA, SI ALGO DIGNO DE ALABANZA, EN ESTO PENSAD.

FILIPENSES 4:8

MARCAS PERMANENTES

¿Qué dice la Biblia acerca de hacerse perforaciones en el cuerpo o de los tatuajes? ¿Estaría mal hacerse un tatuaje inclusive si es algo inocente como una mariposa?

Acabas de tocar un tema muy controversial. La Biblia no habla directamente acerca de las perforaciones del cuerpo o de los tatuajes, pero ambos se han vuelto muy populares hoy en día. Muchas personas van a elegir tatuarse y hacerse perforaciones.

Cuando eres adulto, lo que tú eliges en realidad es entre tú y Dios. Aun así, mi esposa y yo hemos decidido no dejar que nuestras hijas adolescentes se perforen más que los oídos mientras vivan en nuestra casa. Y no tienen permiso de hacerse un tatuaje, ni aunque sea una mariposa. Pero tenemos buenas razones para estas reglas.

A veces los adolescente, e igualmente los adultos, toman decisiones que después lamentan. En ocasiones, mi trabajo como padre es hacer que la decisión se posponga hasta que lleguen a la edad adulta. Recientemente, mi familia estaba hojeando mis anuarios de la secundaria y de la preparatoria. Pasamos más tiempo riéndonos de los peinados y de la ropa que de cualquier otra cosa en mis anuarios. Debo de admitir que lo que yo pensaba que se veía muy bien cuando tenía dieciséis años ahora se ve espantoso.

Sin embargo, podemos cambiar de peinados y de ropa, pero un tatuaje es permanente. Hoy te gustan las mariposas, pero ¿que tal dentro de diez años cuando las mariposas pasen de moda o que las ganas de tener un tatuaje se pasen? Las decisiones que tomes ahora te van a afectar por el resto de tu vida.

Antes de que decidas marcar tu cuerpo permanentemente con perforaciones o tatuajes, pregúntate lo siguiente:

1. ¿Qué estoy tratando de decir con esta perforación o tatuaje?
2. ¿Honra a Dios?
3. ¿Cómo puede afectarme esta decisión dentro de diez años? ¿Veinte? ¿Treinta?

Una vez que hayas contestado estas preguntas, obtén la opinión de tus padres y de tu pastor. Tal vez no siempre tengan la razón, pero es sabio buscar consejo de parte de otros antes de que tomes una decisión permanente.

Cuando sigues la sabiduría de Dios,
la decisión
correcta es segura.

**CUANDO SIGUES LA SABIDURÍA DE DIOS,
LA DECISIÓN CORRECTA ES SEGURA.**

PROVERBIOS 2:10 (PARÁFRASIS)

LA VERDAD SIN RESERVAS

EL REGALO ETERNO

Mi mejor amiga dice que es cristiana, pero piensa que todo lo que uno tiene que hacer para ir al cielo es ser buena persona. En verdad no se como hablarle acerca de este asunto porque supuestamente ella ya es salva. ¿Me podría aconsejar?

Definitivamente no pongas a tu amiga a la defensiva. Como es tu mejor amiga tienes la oportunidad de serle una influencia positiva. Yo en tu lugar la invitaría a la iglesia con frecuencia y tratar de involucrarla en un grupo pequeño. Si eso no funciona, pídele que considere tener un estudio bíblico personal contigo.

Te aconsejo que empieces con los rudimentos- empezando con Efesios 2:8-9, que dice así: "Porque por gracia sois salvos por medio de la fe; y eso no de vosotros, pues es don de Dios; no por obras para que nadie se gloríe."

Tu iglesia cristiana local te puede ayudar a encontrar un libro de ejercicios que les ayude a explorar juntas las verdades fundamentales de la fe. Empieza con algo simple y práctico para su vida. Puede que descubras que le ayude a ser más abierta cuando no está en entornos tan grandes como una iglesia o reunión. Sigue orando por tu amiga, y recuerda que Dios se interesa por ella más de lo que tú te interesas. Confía que Él obrará por medio de ti. No tengas miedo de abrirle tu corazón a ella.

El regalo de la salvación no puede ser comprado, logrado, o intercambiado, solamente puede ser aceptado por medio de la fe.

PORQUE LA PAGA DEL PECADO ES MUERTE, MAS LA DÁDIVA DE DIOS ES VIDA ETERNA EN CRISTO JESÚS SEÑOR NUESTRO.

ROMANOS 6:23

SIN AGUIJÓN

Tengo un problema con la muerte. Se que hay un lado hermoso en ella, pero no puedo pasar el temor de que alguien a quien yo amo se muera. Tan solo pensarlo me abruma por completo. ¿Qué puedo hacer?

Aun a los cristianos, la muerte les puede causar temor. No importa que tanto sepamos o creamos acerca de la muerte, aun así nos resulta inquietante.

Nunca vas a acostumbrarte a la idea de que un padre, amigo, o ser querido lleguen al día de su muerte. Pero va a llegar, y nunca es fácil. Cuando una persona cercana a nosotros muere, experimentamos la pena y el dolor. Es una parte normal de la vida.

Mi consejo es que te familiarices con muchos pasajes y promesas de la Biblia que hablen acerca de la muerte y del cielo. Uno de mis pasajes favoritos es el Salmo 23:

Jehová es mi pastor; nada me faltará. En lugares de delicados pastos me hará descansar; junto a aguas de reposo me pastoreará. Confortará mi alma; me guiará por sendas de justicia por amor de su nombre. Aunque ande en valle de sombra de muerte, no temeré mal alguno, porque tú estarás conmigo; tu vara y tu cayado me infundirán aliento. Aderezas mesa delante de mí en presencia de mis angustiadores; unges mi cabeza con aceite; mi copa está rebosando. Ciertamente el bien y la misericordia me seguirán todos los días de mi vida, y en la casa de Jehová moraré por largos días.

Las promesas de Dios pueden hacer que nuestras mentes estén en paz. Un día, todos vamos a tener que experimentar el dolor que acompaña la muerte de un amado. Aquí hay unos puntos que debes recordar acerca de la pena y el dolor:

Es normal pasar por medio del dolor. Uno tiene que pasar por el sufrimiento primero antes de poder seguir con la vida de uno. Nunca tengas miedo de llorar o reconocer que sientes dolor. Estos sentimientos y emociones son normales.

El tiempo de luto toma tiempo. No vas a superar tu dolor de inmediato. La herida puede quedarse en ti por un largo tiempo.

Platícalo. Al compartir nuestras penas, en ocasiones recibimos fuerza y apoyo mutuo.

Encuentra consuelo en la Biblia. Lee versículos acerca de la paz, la esperanza y la victoria sobre la muerte. Unas sugerencias aparte del Salmo 23 son el Salmo 46, Juan 14, y Romanos 8.

Por ahora, al enfrentar el temor a la muerte estás haciendo lo que debes de hacer. Sigue enfrentando tu temor. No temas hablar de esto con las personas a las que tú respetas. Una conversación con alguien que te aconseje o tal vez tus padres es un buen lugar por donde empezar.

Aunque es razonable el tener miedo del proceso de la muerte, nosotros como cristianos, tenemos una gran esperanza de lo que ha de venir- la vida eterna en el cielo, no más dolor, no más temor, no más muerte.

A la muerte se le despoja de su poder cuando aceptas a Jesús.

MAS GRACIAS SEAN DADAS A DIOS, QUE NOS DA LA VICTORIA POR MEDIO DE NUESTRO SEÑOR JESUCRISTO.

1 CORINTIOS 15:57.

LA VERDAD SIN RESERVAS

TIEMPO DE DESCANSAR

¿Es malo trabajar durante el día de reposo, aun si voy a la iglesia ese día? Mi trabajo requiere que trabaje los domingos, pero mi jefe ha arreglado mi horario para que pueda ir al culto.

En estos días vivimos bajo la gracia de Dios en vez de la ley del Antiguo Testamento (Romanos 6:14). Déjame te explico. De hecho, es uno de los Diez Mandamientos (Éxodo 20:8-11) del Antiguo Testamento. A un judío ortodoxo nunca se le ocurriría trabajar el día de reposo. Pero hoy, vivimos bajo las normas de la Nuevo Testamento. Aun trabajando los domingos cae bajo la sombra de la gracia de Cristo.

Aun así, si es posible yo voto porque tomemos un día lejos del trabajo para concentrarnos en adorar, descansar, la familia, y los amigos. Nuestra cultura ha hecho del domingo un día donde le amontonamos deportes, más trabajo, y más compras. Honestamente creo que este estilo de vida causa que no nos calmemos lo suficiente.

Piensa en tu vida como un carro con el tanque lleno de gasolina. Para el fin de la semana, se le acaba la gasolina. Necesitarás ir a la gasolinera para volver a llenar. Si vas, y vas, y vas, toda la semana, pues bueno, se te va a acabar la gasolina- y no sólo físicamente. Debes de ir más despacio y volver a llenar tu "tanque" espiritual, emocional, y físico. Necesitas tiempo de descanso y ejercicio. Y necesitas un tiempo específico para dedicárselo a Dios. Un domingo con un buen descanso es el mejor tiempo para que esto ocurra.

¿Pero qué si tienes que trabajar los domingos? Bueno, te recomiendo que encuentres un día o tal vez una noche después de la escuela donde puedas tener tu "día de reposo." Asegúrate de planear tus semanas con este tiempo siempre libre. Escríbelo en una agenda. Termina tu tarea durante el recreo o alguna hora de estudio. Y después, ocúpate de estar desocupado. Relájate, diviértete, pasa tiempo con Dios, y disfruta tu familia. Aun si no es domingo, necesitas tiempo para llenar tu tanque.

Hay una buena razón por que la Biblia dice que en el séptimo día Dios "reposó de toda la obra que había hecho en la creación" (Génesis 2:3). Tomó un día libre para recuperarse, para darnos un ejemplo.

Incluso Dios tomó un día para descansar.

PORQUE EN CIERTO LUGAR DIJO ASÍ DEL SÉPTIMO DÍA: "Y REPOSÓ DIOS DE TODAS SUS OBRAS EN EL SÉPTIMO DÍA."

HEBREOS 4:4

LA PEQUEÑA PALABRA "NO"

¿Dónde se encuentra la línea entre la caridad cristiana y el que se estén aprovechando de uno? He sido bendecido con dos trabajos bien pagados durante el verano y vengo de una familia un poco mejor acomodada que la de un amigo de mi iglesia. A causa de esto, siempre hace comentarios de que soy "rico". Cuando va a viajes misioneros por lo general me pide que sea su patrocinador- y lo he hecho varias veces por cientos de dólares.

Lo hago porque siento que debo usar mis bendiciones para ayudar a otros. El problema está que continúa pidiéndome donaciones pero no hace nada en cuestión de nuestra relación de amigos a excepción de cuando llega el tiempo en que necesita donaciones. Temo que se están aprovechando de mí. ¿Es él mi amigo? ¿Cómo puedo responderle?

Estás aprendiendo una lección acerca de los tratos entre amigos que te va a durar por toda la vida, dando para la obra de Dios, y viviendo con motivos puros. Mi consejo para ti es que des tu diezmo y ofrenda a Dios. (¡Y punto!) Las personas que dan una parte de sus ganancias a Dios tienden a vivir vidas más fieles como seguidores de Jesucristo. De hecho la gente que se goza en dar suelen ser más llenas de gozo. En primer lugar, trata lo mejor que puedas en enfocarte en Aquél a quien le estás dando.

Su tu "amigo" está usando tu generosidad como la única manera de recibir ayuda monetaria, entonces dudo mucho que en realidad se un amigo. Si tu "amigo" hace comentarios indebidos acerca de la posición económica de tu familia, entonces pongo en duda su sinceridad. Tú tendrás que ser el juez en ese asunto. Asegúrate, al igual que con cualquier otro asunto que pueda causar conflicto, que compartas con esta persona tus sentimientos. Dile lo que sientes. Si algunos comentarios te han herido, entonces díselo de la mejor manera.

Hay muchas ocasiones en las cuales Dios usa a amigos para que apoyen a sus amigos en sus experiencias misioneras. De hecho, en el Nuevo Testamento e inclusive hoy en día, iglesias enteras han apoyado los esfuerzos misioneros de personas con las cuales se relacionaron por medio de un ministerio anterior o por algunas amistades. Esto es normal y natural. Debes de saber que tu dar no tiene que compararse con lo que recibes de una amistad.

Da para Dios. Cuando das, pídele a Dios que te dé motivos puros. Ora acerca del dinero que das y por la persona a quien debes dárselo. Si ganas más dinero, debes tener la capacidad de dar más. No te sientas obligado a apoyar a una persona en particular, pero hazlo con gozo y date cuenta que porque tienes más dinero, hay una buena probabilidad de que a menudo te pidan dinero.

Tal vez sea necesario que vuelvas a aprender una de las primeras palabras que salieron de tu boca cuando eras pequeño: "No." Puedes decir algo que suene parecido a esto: "Quisiera poder ser de ayuda a cada esfuerzo digno que me presentan, pero no puedo. Voy a orar por ti." Yo pienso que cuando le digas a tu amigo lo que sientes y al buscar el plan de Dios para lo que das, tu pregunta en particular será contestada.

Da para Dios con motivos puros.

CADA UNO DÉ COMO PROPUSO EN SU CORAZÓN: NO CON TRISTEZA, NI POR NECESIDAD, PORQUE DIOS AMA AL DADOR ALEGRE.

2 CORINTIOS 9:7

ENCUENTRA LA SANIDAD

Cuando era más joven, mi madre, que es alcohólica, y sus novios abusaron de mí emocional y físicamente. A causa de esto mi papá y su esposa me recibieron en su hogar a la edad de seis. Ellos saben que hubo problemas, pero nunca hablé de los detalles. Ahora, estoy teniendo muchas imágenes retrospectivas en mi mente de lo que pasó y cosas que vi a mi alrededor. ¿Qué hago?

Busca la ayuda y el consejo de un consejero profesional. No te tardes. Si no sabes a quien ir, entonces pregúntale a tu pastor, pastor de jóvenes, o consejero de tu escuela y ellos podrán referirte a alguien. La Biblia es clara que, "donde no hay dirección sabia, caerá el pueblo; pero en la multitud de consejeros hay seguridad" (Proverbios 11:14).

Tú fuiste víctima de abuso, y habrá veces cuando el trauma vendrá a ti con toda su fuerza. Aunque lo que te pasó siempre está cerca de la superficie de tu vida, ahora es el tiempo de hablar con alguien con experiencia en este tipo de problemas para que te ayude a lidiar con estos problemas. Supéralos trabajando por medio de ellos. Antes de la libertad puede haber más dolor. Pero por el bien de tu vida emocional, espiritual, relacional, y aun física, haz lo que tengas que hacer para encontrar la sanidad.

Conozco personas que han tenido experiencias traumáticas como las tuyas y no hacen nada hasta que ya son mayores. Lo que no consideraron es que el abuso iba a afectar su matrimonio, sus hijos, y su relación con Dios. Es por eso que hoy es el tiempo de conseguir ayuda.

Tu decisión de hablar con tu papá y madrastra puede que sea mejor si primero hablas con un consejero. De todas formas, con este gran problema en tu vida, no esperaría mucho tiempo antes de compartir tus recuerdos tan dolorosos y las experiencias con tu familia.

Una última cosa, por favor comprende que Dios se interesa mucho y que le pesa cuando sufres. Mantente cerca del Señor. Habla con Él. No tengas miedo de acercarte con lo que sea que esté en tu mente. Mi oración por ti es que las amorosas manos de Jesucristo, las cuales aun tienen cicatrices de los clavos, te protejan y cubran con su presencia y su paz.

Cuando al fin puedes desprenderte, puedes abrazar la libertad.

ÉL SANA A LOS QUEBRANTADOS DE CORAZÓN,
Y VENDA SUS HERIDAS.

SALMO 147:3

EL MUNDO ESPIRITUAL

Los cristianos no creen en la magia y tienen advertencias acerca de sus peligros. Pero cosas en la Biblia como cuando Moisés convirtió su vara en culebra me parecen magia. ¿Cómo puedo entender eso aun mejor?

Buena pregunta. De hecho no soy un experto en esta área, así que te sugiero que hables con tu pastor o alguien que sepa mucho más de lo que yo se. Aquí está mi mejor intento de responder tu pregunta.

El mundo en el que tú y yo vivimos es más de lo que parece. La Biblia lo llama, "la carne y el espíritu". Creo que hay un mundo espiritual que no podemos ver en la carne. Hay ocasiones en las cuales Dios utiliza milagros para presentarle al mundo su verdad y sus bendiciones como en el caso de la vara de Moisés que se convirtió en culebra. Literalmente, hay cientos de milagros en la Biblia. Yo creo que en el día de hoy Dios está obrando milagros para su gloria. Moisés no estaba haciendo magia; al contrario estaba experimentando un milagro de Dios.

También existe un mundo espiritual del mal. La Biblia dice que Satanás es el líder de este mundo. Se le describe como un mundo de engaño, maldad, oscuridad y en conflicto con el mundo de Dios. Astutamente, Satanás usa los "milagros y un poco de magia" para confundir a la humanidad.

La Biblia habla acerca de una batalla espiritual que ocurre constantemente entre el bien y el mal. Es por eso que le digo a todo mundo que no se metan en el ocultismo, brujería, adoración satánica, o las tablas de la guija. Nunca querrás tomar el riesgo de meterte en algo en que Satanás pudiera usar para apartarte de Dios.

En cuanto a tu inquietud hacia la magia, algunas personas podrán estar en desacuerdo conmigo, pero unos tipos de magia son inofensivos. Conozco a un gran seguidor de Cristo que practica lo que él llama, "ilusiones." Algunos de los tipos de magia que vez que gente famosa hace en la televisión son nada más que entretenimiento e ilusiones. Aun así, algunas de esas personas tan famosas sí se meten en prácticas tenebrosas. Lo único que tienes que hacer es ver a la persona y ver el fruto de su vida.

Ora por discernimiento. Busca el consejo de personas que te puedan dar más información. Solamente no hagas nada que pueda poner en riesgo tu relación con el Dios viviente, de quien sabemos que ganara la última batalla al final de todo.

Si tienes un mal sentimiento acerca de algo- probablemente es malo. Deja que la sabiduría de Dios te hable- y escucha.

ABSTENEOS DE TODA ESPECIE DE MAL.

1 TESALONICENSES 5:22

TOMANDO EL NOMBRE DE DIOS EN VANO

¿Es pecado decir "Oh Dios"? Yo lo digo todo el tiempo y no puedo romper la costumbre.

Cuando estás en una multitud y oyes que alguien dice tu nombre, ¿no volteas a ver si la persona te está hablando a ti? Claro que sí. Dios también lo hace. Cuando la gente dice: "Oh Dios," están llamando el nombre de su Creador. Déjame y te hago un cuadro.

Jaime: "¡Oh Dios!"

Dios: "Dime, Jaime."

Jaime: "¡Ay! Perdón en realidad no me refería a ti, Dios."

Dios: "Dijiste mi nombre. Pensé que querías hablar conmigo."

Jaime: "De hecho, fue solamente una expresión que usé para exclamar sorpresa. No te ofendas pero no era mi intención llamarte Dios. Solamente dije Dios al igual que algunas personas usan la palabra órale. Este, creo que voy a empezar a usar una palabra diferente en vez de tu nombre desde ahora en delante."

Dios: "Cuando me llames voy a estar escuchando."

La Biblia claramente nos dice que no tomemos el nombre de Dios en vano. Los Diez Mandamientos dicen: "No harás mal uso del nombre del Señor tu Dios" (Éxodo 20:7).

¿Es tu intención abusar del nombre de Dios cuando usas esa frase populachera? Probablemente no. Pero cuando decimos el nombre de

Dios, estamos clamando su nombre para que nos escuche y responda nuestra oración.

Cuando decimos "Oh Dios!" como una expresión de sorpresa, estamos devaluando el nombre de nuestro Creador. El usar su nombre en una manera casual hace que nuestra relación con Dios se vuelva trivial. En el Antiguo Testamento uno de los nombres de Dios es Jehová. Este nombre era tan especial para el pueblo hebreo que solamente lo susurraba. Los judíos sentían que el nombre de Dios era tan santo que ni siquiera lo hacían personal.

Los cristianos tienen una relación personal con Dios únicamente por la relación que tenemos con Jesús. Por eso somos llamados a respetar el nombre de Dios y a guardarle reverencia. Demasiada gente dice "Oh Dios." Haz todo lo que puedas para perder esa costumbre.

Cuando mencionas el nombre de Dios,
Él responde sea tu intención llamarlo o no.

MAESTRO, ¿CUÁL ES EL GRAN MANDAMIENTO EN LA LEY? JESÚS LE DIJO: AMARÁS AL SEÑOR TU DIOS CON TODO TU CORAZÓN, Y CON TODA TU ALMA, Y CON TODA TU MENTE.

MATEO 22:36-37

LA VERDAD SIN RESERVAS

PUEDES HACERLO

¿Por qué tengo esta fascinación hacia la muerte? Desde que tengo memoria, siempre me ha interesado la muerte. Me gusta mucho ir a los cementerios, y me gusta enterarme de cómo la gente muere. Me gusta oír historias trágicas y me imagino muriendo de una enfermedad Terminal. Aunque, estos pensamientos y sentimientos también me hacen sentir mal.

Como tu interés por la muerte ha estado contigo por mucho tiempo te recomendaría que consiguieras platicar con algún consejero cristiano, alguien que tenga un punto de vista bíblico acerca de la muerte y después de la muerte, algo que los consejeros seculares no tienen. Aunque no lo mencionaste en tu carta, supongo que has de haber tenido una experiencia donde alguien cercano a ti ha muerto o quizás un trauma que haya sido causado por algún trauma que causa tu obsesión con la muerte. El pensar en la muerte no es necesariamente malo. Pero como estás obsesionado con la muerte, te recomiendo que busque el punto de vista de un consejero.

Si por algún motivo tus pensamientos de muerte te han llevado a pensar en el suicidio busca ayuda de inmediato.

Recuerda que Jesucristo mismo tenía el poder sobre la muerte. A causa de su resurrección, nos puede dar la esperanza de un hogar eternal con Dios en el cielo.

El propósito de que Jesús viniera a la tierra fue para darte una vida abundante- Él espera que cumplas todos los días de tu vida.

EL LADRÓN NO VIENE SINO PARA HURTAR Y MATAR Y DESTRUIR;
YO HE VENIDO PARA QUE TENGAN VIDA,
Y PARA QUE LA TENGAN EN ABUNDANCIA.

JUAN 10:10

RECONOCE SU VOZ

¿Cómo puedo escuchar mejor cuando Dios responde? En verdad creo en el poder de la oración, pero a veces tengo problemas al escuchar a Dios.

Para poder escuchar a Dios, tienes que aprender a reconocer su voz. Es una parte muy importante de nuestra relación recíproca con Dios. Samuel, un profeta del Antiguo Testamento, aprendió su lección desde que era un muchacho joven. Dios le habló en forma audible, pero Samuel no sabía quien era el que le estaba hablando. Elí, un sacerdote que era mayor y más sabio que él, ayudó a Samuel a determinar que estaba escuchando la voz de Dios. Elí le indico que respondiera: "Habla, Señor, porque tu siervo oye" (1 Samuel 3:9).

Hoy, Dios no necesita hablar en forma audible. Él nos ha dejado su palabra, la Biblia. Esta es el medio principal con la cual Él se comunica con nosotros. Él también usa a personas y las circunstancias. Pero el tratar de entender lo que Dios te quiere decir no es fácil. Como Samuel, tienes que aprender a reconocer la voz de Dios.

Hay varias formas en que puedes hacer esto.

Haz una cita con Dios. Pasa algún tiempo con Él en un lugar tranquilo. Lee su Palabra, canta un canto de adoración, adórale, agradécele, confiésale tus pecados, y pídele que manifieste su presencia en tu vida.

Toma tiempo para despejar tu mente. Guarda silencio ante el Señor. Lleva un diario y escribe lo que sea que venga a tu mente. Todo lo que escribas no va a ser revelación de Dios. Pero entre más tiempo pases a solas, vas a tener más disciplina para poder escuchar a Dios.

La mayoría de nosotros no toma el tiempo para experimentar el silencio y estar a solas. Jesús nos dio un ejemplo excelente cuando "se fue a un lugar desierto, y allí oraba" (Marco 1:32). Jesús destacaba que el escuchar es parte de la oración. Su fuerza venía de su tiempo a solas.

Seguido nos apresuramos en nuestro tiempo de oración, si es que lo tenemos, y enseguida nos ponemos hacer lo que sigue en nuestro plan para el día. Jesús encontraba fuerzas cuando hablaba con su Padre. Si tener tiempo a solas fue necesario para Jesús, parece que debe ser necesario para nosotros también.

Familiarízate con la voz de tu Padre celestial y no serás engañado por la voz de un desconocido.

A ESTE ABRE EL PORTERO, Y LAS OVEJAS OYEN SU VOZ; Y A SUS OVEJAS LLAMA POR NOMBRE, Y LAS SACA. Y CUANDO HA SACADO FUERA TODAS LAS PROPIAS, VA DELANTE DE ELLAS; Y LAS OVEJAS LE SIGUEN, PORQUE CONOCEN SU VOZ.

JUAN 10:3-4

CONSTRUYENDO AMIGOS CON CONFIANZA

¿Qué puedo hacer? Mi mejor amiga realmente tiene un problema con su autoestima. Yo he tratado de ayudarla, pero nada parece funcionar. Ella piensa que mis otras amigas y yo le estamos mintiendo cuando le damos algún elogio.

No hay mucho que puedas hacer o decir para cambiar la forma de pensar de una persona acerca de sí misma. Pero puedes hacer la diferencia al ser una amiga comprensiva y que la apoya. Cuando tu amiga se de cuenta de que estarás allí, sin importar que es lo que piensa de sí misma, su opinión puede empezar a cambiar.

Por ejemplo, considera a Jennifer. Un día dijo: "Me odio. Soy fea. Soy tonta, y no me puedo imaginar que Dios ame a alguien como yo."

Robin entra en escena.

Robin se mantuvo a su lado y, siendo una buena amiga, le mostró el amor de Dios. A medida que Jennifer creció y maduró, su imagen de sí misma empezó a cambiar.

Hoy Jennifer en una de las mujeres principales que les predica a los jóvenes en Estados Unidos. Seguido dice: "Yo no sería la persona que soy si no fuera por mi amiga Robin."

Dios nos ama incondicionalmente, no por lo que hacemos sino por quien somos. Dios promete nunca dejarnos ni desampararnos (Hebreos 13:5). Cuando finalmente captamos el concepto, podemos ser libres de amarnos a nosotros mismos porque creemos y conocemos las promesas de Dios. Comparte este versículo con tu amiga, y unos cuantos más como Génesis 1:31, Salmo 139:13-16, Efesios 2:10. La Biblia es una herramienta excelente. Utilízala para ayudar a tu amiga

Sabemos que somos hermosos; nos parecemos a Dios.

Y CREÓ DIOS AL HOMBRE A SU IMAGEN, A IMAGEN DE DIOS LO CREÓ; VARÓN Y HEMBRA LOS CREÓ.

GÉNESIS 1:27

EN MEDIO DE TODO

Mis padres se acaban de divorciar. Desde entonces cada uno ha encontrado una nueva pareja. Quieren que me alegre por ellos y que acepte a sus parejas. No estoy tratando de lastimar a mis padres, pero encuentro difícil el por lo menos llevar una conversación con estas personas porque siento que estoy traicionando a mi papá o mi mamá. Por favor ayúdame.

Una de las reacciones más comunes de los chicos que tienen que lidiar con el divorcio es el sentimiento de haber sido separado de sus padres. Cuando esto pasa, es importante que recuerdes que fueron tus padres quienes tomaron la decisión de separarse- no fuiste tú.

Desafortunadamente, eso no hace que el divorcio deje de afectarte. De hecho, una consecuencia es que eventualmente alguien más aparecerá en escena. Estás en una situación difícil, pero no creo que estés traicionando a alguno de tus padres al tener una conversación con "la otra" persona.

Te sugiero que hables con tus padres acerca de lo que sientes. (Si tienes que organizar tus pensamientos escríbelos primero.) Dile a tus padres que los amas. Después diles que tienes dificultad de hablar con su nueva pareja porque sientes que estás traicionando al otro padre cuando lo haces. Pídeles que sean pacientes y que te comprendan porque tú también estás tratando de lidiar con el divorcio.

Además de pedirle a Dios que te dé fuerzas y ánimo, tal vez quieras considerar buscar ayuda de un consejero cristiano para que te ayude a arreglar tus sentimientos. El hablar de tus sentimientos y lidiar con tus emociones es el primer paso hacia el mantenimiento de relaciones saludables. Aun más importante, te ayudará a empezar a sanar.

Puedes sobreponerte cuando Dios está de tu lado.

Dios es nuestro amparo y fortaleza,
nuestro pronto auxilio en las tribulaciones.

Salmo 46:1

LA LLAMADA MÁS IMPORTANTE

Tengo trece años y necesito que mi mamá sea mi amiga. No le puedo contar nada porque no tiene tiempo para mí. Quiero tener una relación más cercana, pero no se como. ¿Algún consejo?

Habla con tu mamá y dile como te sientes. Trata de no hacerla sentir culpable, más bien enfócate en como te sientes. No la obligues con la pena a que pase más tiempo contigo, pero dile específicamente que es lo que necesitas y lo que quieres de ella. Si está muy ocupada como para sentarse contigo, entonces escríbele una nota. Di algo como esto: "Mamá, te amo, y quiero pasar tiempo contigo. Sé que estás ocupada, pero quiero invitarte a comer a la hora del almuerzo conmigo este sábado."

Usa este tiempo para hablar de tu relación. Tu mamá puede ser muy especial para ti durante tus años de adolescente, pero no siempre puede ni debe ser solamente tu amiga. A veces el papel de una madre es ser guía, establecer límites, y proveer disciplina. A la edad de trece, en verdad que necesitas tu relación con tu madre. Después de Dios, puede que durante la adolescencia no haya nadie más importante para tu crecimiento que tu madre. Tu mamá te agradecerá por recordarle de su llamado más importante de parte de Dios- el ser tu mamá.

Toma la iniciativa y haz que pase.

QUE (LAS MUJERES MAYORES) ENSEÑEN A LAS MUJERES JÓVENES A AMAR A SUS MARIDOS Y A SUS HIJOS, A SER PRUDENTES, CASTAS, CUIDADOSAS DE SU CASA, BUENAS, SUJETAS A SUS MARIDOS, PARA QUE LA PALABRA DE DIOS NO SEA BLASFEMADA.

SALMO 61:3

CREA UN NUEVO TÚ

¿Cómo puedo cambiar? Mi reputación es tan mala que mi pastor y el pastor de jóvenes tienen mucha dificultad en creer que en realidad tuve una conversión espiritual. Quiero cambiar mi vida, pero es difícil. Y parece que por cada paso que doy hacia adelante, doy dos hacia atrás. Siempre termino derribada. No se como pedir ayuda.

Hay una historia increíblemente alentadora en la Biblia de cuando Jesús encontró a alguien con mala reputación. De hecho, ésta era una mujer que había sido encontrada en el acto de adulterio. Después que la encontraron, alguien la trajo a Jesús y a una multitud para que fuese castigada públicamente. La ley judía decía que como castigo, ella tenía que estar de pie mientras que la gente le aventaba piedras. Las piedras no cesarían de caer hasta que ella muriera.

Pero Jesús miró a la multitud y les dijo: "Sí hay alguno entre ustedes que no tenga pecado, que lance la primera piedra." Todos soltaron sus piedras que llevaban y se fueron. Jesús miró a aquella mujer a los ojos y le preguntó: "Mujer, ¿dónde están los que te acusaban? ¿Te ha condenado alguno?" Ella respondió, "Nadie, Señor."

Entonces Jesús dijo algo que nos afecta a cada uno de nosotros. Con mucha compasión y amor, Jesús le dijo: "Entonces, tampoco yo te condeno. Vete y no peques más." Esta historia, de Juan 8:1-11, es uno de los ejemplos de perdón más grandes que Cristo nos ofrece.

No se por qué clase de experiencia de conversión hayas pasado, pero espero que hayas tenido una comprensión genuina de lo que significa seguir a Cristo. Al igual que la mujer en esta historia, tú has sido confrontada con el amor y la misericordia de Dios y tienes que decidir que hacer al respecto. Puedes arrepentirte y vivir para Dios, o puedes continuar tomando decisiones necias. Al escoger el rumbo que vas a tomar, aquí hay algunas cosas que debes de tener en mente:

El cambio sólo puede venir de Dios. Es algo bueno que el cambio verdadero sólo venga de Dios, y no de nuestra fuerza de voluntad. Con frecuencia somos demasiado débiles para cambiar, pero el poder de Dios junto a tu voluntad puede resultar en un cambio milagroso así que asegúrate de que estés conectado con Él por medio de la oración diaria, tiempo leyendo la Biblia, y teniendo comunión con otros cristianos.

El cambio incluye el estar a cuentas y el obtener consejo. He notado que cuando tomo una decisión de cambiar mi comportamiento, me ayuda mucho cuando le digo a alguien de mi decisión. Habla con tu pastor, pastor de jóvenes, o alguien que sea un líder espiritual en tu vida y cuéntales de tu deseo de crecer espiritualmente. Pregunta si puedes reportarte con él (o ella) por lo menos una vez a la semana y hablar honestamente de tus éxitos al igual que de tus luchas. Puede ser una llamada por teléfono una vez a la semana o tal vez una conversación de treinta segundos en la iglesia. Aunque tus pastores tengan dificultad en tomar en serio tu conversión, pueden cambiar su forma de pensar si eres sincera acerca de tu deseo de cambiar y si les muestras que estás dispuesta a trabajar duro.

El cambio requiere disciplina. Me gusta el consejo que el apóstol Pablo le dio a Timoteo cuando dijo: "Ejercítate para la piedad" (1 Timoteo 4:7). Al desarrollarte en los principios básicos de tu fe (oración, lectura bíblica, y comunión), verás que tu modelo de "un paso al frente; dos atrás" cambiará. Muy pronto hallarás que te has acostumbrado a vivir de la forma que honra a Dios.

El verdadero cambio proviene de Dios, no de nuestra propia fuerza de voluntad.

De modo que si alguno está en Cristo nueva criatura es; las cosas viejas pasaron; he aquí todas son hechas nuevas.

2 Corintios 5:17

LA VERDAD SIN RESERVAS

BUSCA LO BUENO

¿Cómo podemos mi hermano y yo superar nuestras diferencias y aprender a llevarnos bien? Mi hermano es un año menor que yo, y discutimos todo el tiempo. Ambos vamos a la iglesia y somos parte del grupo de jóvenes, pero él en realidad no se interesa en vivir por Cristo. Él usa malas palabras y mucha música de mal gusto. Solíamos tener muy buena relación de hermano/hermana, y quisiera que así fuera otra vez.

El restaurar tu relación va a tomar mucha paciencia, comprensión, y un gran compromiso de parte tuya. Con eso en mente, hay algunas cosas que necesitas recordar.

Primero, piensa en otras relaciones en tu vida. Te apuesto a que cada una de ellas tiene sus altas y sus bajas. Aun los mejores amigos discuten, llegan a estar en desacuerdo, y piensan diferente acerca de asuntos importantes. Pero cuando estás comprometida con una amistad, estás dispuesta a luchar a través de esas diferencias y reparar la amistad. Es igual en tu relación con tu hermano. Así que no te preocupes demasiado pensando que como están las cosas ahora así serán para siempre.

También, date cuenta de que tu hermano puede estar pasando por el período de rebeldía en su vida. Pero no importa como actúe en el exterior, probablemente lo que más necesita es sentir que lo aman y que se preocupan por él. Al estar a su lado y mostrarle que te preocupas por él, le enviarás a tu hermano un mensaje invaluable- un mensaje que dice que tu amor es permanente e incondicional.

Para mostrarle a tu hermano esa clase de amor, vas a tener que enfocarte en lo que es bueno para tu relación. Piensa en algunas cosas que tengan en común. ¿Les gusta a ambos el deporte? ¿Hay alguna película o show de televisión que siempre les haga reír? Cualquier cosa que te ayude a mantenerte conectado a tu hermano puede ayudarte a superar este tiempo tan difícil.

Aun si no puedes hallar algún interés común, puedes conectarte con tu hermano al expresar que te interesas por su vida. Si, está escuchando música que te ofende, trata de hacer tu mejor esfuerzo para no juzgar a tu hermano. Si en verdad quieres acercarte a el otra vez, déjame y te digo que no llegarás lejos con criticarlo o recalcando todos los errores que está cometiendo. Más bien, sigue mostrándole el amor de Dios por medio de la paciencia y preocupándote por él.

Finalmente, cuida de tu hermano. Su cambio de comportamiento puede indicar otros cambios que pueden ser peligrosos como el alcohol o el uso de drogas. No tienes que espiarlo pero toma en cuenta con que personas se está juntando y que actividades tiene después de escuela. Si hay algo que se vuelva preocupante, habla con tus padres o con otra persona adulta en quien confíes, como tu pastor de jóvenes.

Lo más importante, ora por tu hermano. Pídele a Dios que esté con él y que lo guíe en sus decisiones. Y pide la sabiduría de Dios en tu proceso de reparar tu relación.

Después de todo, recuerda que tu hermano puede no responder de la forma que tú quieres. Pero sé paciente. Esperemos que pronto salga de este período. Lo que creo es que él también quiere acercarte a ti, sólo que no sabe como.

Conozco a un hermano y a una hermana que son muy unidos. Cada uno está casado y tienen sus propias familias, pero aun sus familias son mejores amigas. Me dijeron que no siempre fueron así. Después de leer tu carta, les llamé y les pedí un consejo. Creo que su respuesta merece que la repita: "Aun en los momentos más difíciles, trata de no dañar la relación permanentemente y no te rindas. La relación de hermano/hermana es una relación de por vida, y cuando tu hermano pase este período tan incómodo, él volverá a ver tu relación como una prioridad.

El ánimo le da poder a una relación.

Y nosotros tenemos este mandamiento de él: El que ama Dios, ame también a su hermano.

1 Juan 4:21

BELLEZA TE TOCA A OTROS

¿Cómo puedo sentirme mejor de mí misma? He vivido muchos años odiándome a mí misma a causa de mi parecer. La gente me llama "gorda" y "fea." He tratado nuevos peinados, maquillaje, y ropa nueva pero nada parece ayudar. Odio tener lástima por mí misma pero no puedo evitarlo. En verdad que me duele cuando la gente me da apodos. Me preocupo por otros, soy amable, y se que Dios me ama: aun así me siento deprimida respecto a mi aspecto.

Al leer tu carta, en realidad quería que pudiéramos estar frente a frente para que te pudiera dar un abrazo de amigo. Por lo que dices, parece que eres una buena persona- una persona que merece le recuerden que vale la pena preocuparse por ella.

Quiero contarte una historia de una mujer que conozco que un día se sintió igual que tú. Espero que su historia te ayude a mantenerte enfocada en el tipo de belleza que en realidad importa.

Sydney era una de esas personas que tienen una gran personalidad, pero seré honesto, mucha gente pensaba que ella no era muy atractiva. Se que Sydney trató de perder peso, y le dolía que no la invitaran a salir. Fue muy difícil para ella convencerse a sí misma que era buena y amable.

Pero a pesar de sus luchas de sentirse bien de sí misma, Sydney en el transcurso, tomó algunas decisiones muy buenas. Se mantuvo cerca de Dios. Trabajó duro para conseguir buenas amistades con los muchachos. Se unió a un grupo de oración de su iglesia, y siempre era una de las primeras voluntarias para servir cuando había una necesidad.

Puede que no haya sido la chica más atractiva en el exterior, pero a medida que crecía en su fe y aprendía más del dar a otos, se volvió radiante en el interior. Esto no significa que no haya tenido dificultades con su imagen de sí misma, pero siguió luchando.

Recuerdo un pasaje de la Escritura que era muy importante para Sydney. Es parte de una conversación que el Señor tuvo con Samuel acerca de una persona buen-parecida que le hacía falta belleza interior:

"Y Jehová respondió a Samuel: No mires a su parecer, ni a lo grande de su estatura, porque yo lo desecho; porque Jehová no mira lo que mira el hombre; pues el hombre mira lo que está delante de sus ojos, pero Jehová mira el corazón" (1 Samuel 16:7).

Hoy, Sydney está felizmente casada y tiene dos hijos hermosos. Sydney es maestra de la clase de jóvenes de la Escuela Dominical en su iglesia, y los alumnos la quieren mucho. Cuando les platica a los jóvenes de sus días tan difíciles en la preparatoria, apenas le creen. Ella es uno de sus héroes. Y ¿sabes qué más? Aunque nunca se le considere hermosa físicamente, su belleza interior se desborda, lo que la hace una mujer muy atractiva en el interior y exterior.

Espero que sigas el ejemplo de Sydney. Mantente fiel a Dios. Rodéate de amigos cristianos que sean optimistas. Cuando estés lastimada asegúrate de compartir tu dolor con estos amigos. Y encuentra formas de alcanzar y servir a otros. Si te concentras en ser hermosa para Dios, tu belleza interior tocará a cada persona que conozcas.

Recuerda quien te creó.

PORQUE TÚ FORMASTE MIS ENTRAÑAS; TÚ ME HICISTE EN EL VIENTRE DE MI MADRE. TE ALABARÉ; PORQUE FORMIDABLES, MARAVILLOSAS SON TUS OBRAS; ESTOY MARAVILLADO, Y MI ALMA LO SABE MUY BIEN. NO FUE ENCUBIERTO DE TI MI CUERPO, BIEN QUE EN OCULTO FUI FORMADO, Y ENTRETEJIDO EN LO MÁS PROFUNDO DE LA TIERRA. MI EMBRIÓN VIERON TUS OJOS, Y EN TU LIBRO ESTABAN ESCRITAS TODAS AQUELLAS COSAS QUE FUERON LUEGO FORMADAS, SIN FALTAR UNA DE ELLAS.

SALMO 139:13-16

MANTÉN EL FUEGO ARDIENDO

¿Cómo puedo quedarme con el entusiasmo por Dios que tuve en el campamento? Este verano pasé una semana en un campamento cristiano y ¡fue genial! Pero ahora estoy en mi casa, y no siento que pueda mantenerme fuerte en la fe sin mis amigos del campamento.

Es fácil tener una experiencia emocionante con Dios y sentirse increíblemente cerca de Él cuando estás en el campamento. Cuando mezclas lo momentos intensos con Dios y experiencias divertidas, obtienes un recuerdo positivo que te dura de por vida. Es por eso que muchas personas tienen dificultades en aterrizar del "vuelo del campamento."

Simplemente por su diseño, el campamento es una experiencia "en la cumbre." Se supone que debe de ser un momento para empezar tu fe pasándote corriente. La parte difícil es lo que estás viviendo ahora, la desilusión. Pero la buena noticia es que puedes usar lo que aprendiste durante el campamento para hacer más fuerte la fe de tu "vida real." Yo encontré una manera de hacer durar al máximo esas experiencias en "la cumbre." Esta fórmula me ayuda a sentirme cerca de Dios, aun cuando bajo de la montaña. Lo llamo el plan "SUBE":

Sigue diariamente a Dios por medio de la oración. Lo más seguro es que orabas a menudo en el campamento, así que crea un habito de pasar un tiempo a solas con Dios (1 Tesalonicenses 5:17).

Utiliza tu Biblia a diario. La palabra de Dios te revelará mucho de lo que Dios quiere que hagas con tu vida, y mantendrá fuerte tu fe.

Busca obedecer la palabra de Dios. Al obedecer al Señor, reconocerás su presencia y dejarás de tomar malas decisiones (Juan 14:21).

Empieza a adorar a Dios junto con otros creyentes. Al igual que en el campamento, el reunirte con otros cristianos es lo que te ayudará a pasar por los momentos difíciles y te animará a estar firmes en tu fe (Salmo 150:6, Hebreos 10:24).

No te puedo prometer que siempre vas a tener esos sentimientos tan emocionantes que tuviste en el campamento, pero sigue el plan SUBE, y fortalecerás tu fe.

Sube a la altura de la fe que te llevará a través de los valles y hasta la siguiente cumbre.

PORQUE NUESTRO DIOS ES FUEGO CONSUMIDOR.

HEBREOS 12:29

TOMA POSESIÓN

La iglesia donde me congrego cree que el bailar es malo. Eso no me había afectado mucho hasta este año. Estoy en mi penúltimo año de la preparatoria y vamos a tener un baile muy pronto. Se que habrá bailes, pero en verdad quiero ir. ¿Qué hago?

Lo que termines haciendo- sea que vayas al baile o no- no es tan importante como las preguntas que te llevarán a tomar tu decisión. Las preguntas que te puedes estar haciendo son, "¿Por qué es malo bailar?" y "Si voy al baile, ¿qué va a pensar la gente de mi iglesia?"

Ahora es el mejor tiempo de tomar posesión de lo que crees. Pero también deberías de discutir esto junto a tus padres y tu líder o pastor. ¿En realidad tu iglesia está tan fija en su opinión contra el baile, o solamente algunos tipos de bailes? ¿Cuál es la base bíblica de esta creencia? Trata te ver si tienen algunas normas realistas en caso de que vayas al baile. Y pregúntales: "¿Qué consejos pueden darme para buscar la dirección de Dios respecto al baile y otros conflictos culturales?"

Puede que termines sorprendida con lo que oigas. Por otro lado, puede que descubras que tus padres tengan sus reservas en relación al baile. Si no están dispuestos a discutir, entonces creo que deberías de respetar su decisión y planea algún evento alternativo o simplemente quedarte en casa.

Digamos que no recibes una respuesta firme hacia ningún extremo. Esa es tu oportunidad de pedirle a Dios que te de la sabiduría al tomar tu decisión.

Toma posesión de lo que crees usando sabiduría en las decisiones que tomas.

Y SI ALGUNO DE VOSOTROS TIENE FALTA DE SABIDURÍA, PÍDALA A DIOS, EL CUAL DA A TODOS ABUNDANTEMENTE Y SIN REPROCHE, Y LE SERÁ DADA.

SANTIAGO 1:5

LA VERDAD SIN RESERVAS

EXPECTATIVAS REALISTAS

Quiero tener una relación más cercana con mi papá, pero es difícil- ¿qué no es lo que Dios quiere? Yo vivía con mi mamá hasta hace un año y medio. Ahora estoy viviendo con mi papá, con quien nunca he vivido por los últimos diez años. Es alcohólico, y no le gustan mis creencias cristianas. A veces, llama a la casa cuando está borracho y empieza a maldecir y a insultarme. Él siempre está ocupado con su trabajo, su novia, y el alcohol. El simple hecho de verlo me da miedo. ¿Qué puedo hacer?

Ya has hecho algo significativo al reconocer que tu papá es alcohólico. Estás sufriendo las consecuencias de su adicción a una droga que altera el estado de ánimo y los pensamientos.

Como ya has de saber, no es fácil vivir con un alcohólico. Yo lo sé. Yo crecí en una familia con problemas con el alcoholismo. Pero puede que te ayude el saber que ni a tu papá le guste vivir con él mismo. Él sabe que parte de la culpa de su alcoholismo proviene de algunos de los problemas en tu familia. Es muy probable que en alguna ocasión haya intentado dejar de beber, pero debido a su adicción tan intensa, y porque el alcohol calma su dolor y reduce su estrés efectivamente, es que no ha tenido éxito.

Déjame darte un consejo en cuatro partes. Primero, empieza por contactar a alguien que sepa lo que es ser el hijo de un alcohólico. Puedes recibir la información y el apoyo que necesitas por parte de otros que han luchado con la misma situación. Puedes conseguir esta ayuda de algún mentor en tu escuela.

Segundo, continúa teniendo comunicación con tu papá. Una vez que empieces a recibir ayuda externa, obtendrás más confianza para hablar con tu papá acerca de tu deseo de una relación más significativa y profunda. Dile que lo amas. Pero recuerda: la mayoría de los alcohólicos tienen problemas con los momentos íntimos.

Puede que tengas que achicar tus expectativas de un hogar y una relación "perfecta." A la vez que buscas tener una relación más saludable, no tengas miedo de llamar el problema de tu papá por nombre. Es un alcohólico; dile que crees que puede conseguir ayuda para su problema de alcoholismo. Inclusive, puedes ayudarlo a encontrar una célula de los Alcohólicos Anónimos en el directorio telefónico.

Tercero, no seas negligente contigo misma y tus necesidades. Siempre tendrás la tentación de sentir responsabilidad de corregir a tu papá. No es tu responsabilidad. Tu responsabilidad es cuidarte a ti misma, asegúrate de hacer eso. Busca buenas amistades. Haz ejercicio. Come saludable. Encuentra formas de relajarte y simplemente disfrutar tu vida. Y asegúrate de mantenerte lejos del alcohol y otras substancias. Tan ilógico como parezca, pero los hijos de alcohólicos tienden a buscar el alcohol y otras drogas para resolver sus problemas. No cedas a la tentación.

Finalmente, no seas negligente con tu vida espiritual. Me gustan estos versículos: "Tú guardarás en completa paz a aquel cuyo pensamiento en ti persevera; porque en ti ha confiado. Confiad en Jehová perpetuamente, porque en Jehová el Señor está la fortaleza de los siglos" (Isaías 26:3-4). Dios no nos promete una vida fácil, pero nos promete caminar con nosotros a través de los momentos de tribulación.

Cuando estaba creciendo como cristiano en un hogar con problemas de alcoholismo, muchas veces sentí que nadie entendía mi fe. Yo quería tener una relación con mis padres como la que tú quieres tener con tu papá. Y para ser honesto, finalmente perdí muchas de mis esperanzas de que la situación algún día cambiaría. Las fervientes oraciones que hacía en la preparatoria disminuyeron.

Pero Dios rescató a mi familia. No fue durante mis años en la preparatoria, pero hoy tengo la relación que siempre quise tener. Sigue orando por tu papá, y no te rindas.

Espera que Dios intervenga de maneras más grandes de lo que tú eres.

Mi escondedero y mi escudo eres tú;
en tu palabra he esperado.

Salmo 119:114

DIOS A LA TERCERA POTENCIA

¿Por qué llamamos "Padre" a Dios? Y ¿qué papel tiene el Padre en nuestras vidas que sea distinto al de Jesús y el Espíritu Santo?

Para responder tu primera pregunta, llamamos "Padre" a Dios porque Jesús dijo que así lo hiciéramos. Él enseño a sus discípulos a orar a "Abba" (Mateo 6:5-15), en español esto significa "Papi." Nunca antes había Dios, el gran creador del universo, sido llamado en una forma tan personal e informal durante la oración. Con solo una palabra, Jesús mostró que Dios es nuestro padre amoroso y que nosotros somos sus hijos.

Ahora en cuestión del papel del Padre. Tu pregunta tiene que ver con una de las doctrinas más grandes del cristianismo, lo que conocemos como la Trinidad. Aunque es una idea muy difícil de comprender, nosotros creemos en un Dios en tres personas: el Padre, el Hijo (Jesús), y el Espíritu Santo. Cada persona de la Trinidad tiene un papel distinto. Hablando en general, Dios el Padre es el Creador, Jesús es nuestro Salvador, y el Espíritu Santo vive en cada creyente y nos consuela, llena de poder, y guía. Pero aun así esta explicación es demasiado simple; en realidad, los papeles son compartidos por las tres personas de la Trinidad. La Trinidad es un concepto difícil de entender, y aun los teólogos más eruditos del mundo tienen problemas en definir los papeles de las tres personas.

Pero no es importante tener un amplio conocimiento de la Trinidad. Lo que es importante es adorar y amar al gran Dios representado por la Trinidad.

Piensa en la Trinidad como Dios a la tercera potencia

Por tanto, id, y haced discípulos a todas las naciones, bautizándolos en el nombre del Padre, y del Hijo, y del Espíritu Santo; enseñándoles que guarden todas las cosas que os he mandado; y he aquí yo estoy con vosotros todos los días, hasta el fin del mundo. Amén.

Mateo 28:19-20

SE REQUIERE DE LA GRACIA

¿Qué puedo hacer? Hace algunos meses que encontré a mi mejor amiga robando. No sólo de las tiendas, pero también de mis amigas y de mí. Mis amigas y yo le dijimos como nos sentíamos. Ella parecía arrepentida, y por un tiempo dejó de hacerlo. Entonces, apenas hace unos días, me confesó que se había robado una blusa mía unas cuantas semanas atrás. Yo pienso que es cleptómana. He orado y hablado con ella acerca de su problema, pero ya no puedo confiar en ella. Hemos sido amigas desde el primer año de primaria, y no quiero perder su amistad.

Hay varias razones por las que tu amiga está robando. Las autoridades dicen que las personas que roban por impulso por lo general lo hacen a causa de baja autoestima. Parece que tu amiga tiene un problema más grande de lo que puedes resolver por ti misma. Tu amiga necesita la ayuda de un consejero profesional cristiano que le pueda ayudar a superar ese impulso de robar. Con esto en mente, quiero enfocarme en tu preocupación de mantenerla como tu amiga.

Sí, tiene un problema. Pero el hecho de que fue lo suficientemente honesta para admitir que robó de lo tuyo debiera darle a ambas un poco de esperanza. Obviamente, quiere mantener tu amistad. Y por ahora eso es suficiente para continuar.

Esto puede sonar algo loco, pero no necesitas confiar en ella para poder seguir siendo su amiga. Claro, debe haber algo de confianza básica, pero no tienes que darle toda tu confianza. Puedes mostrar que te interesas por ella y mostrarle tu amistad aunque no te confíes en ella totalmente. En cierto modo, esto será una amistad de un solo lado. Puede que por un tiempo termines dando más y recibiendo menos. Hasta que encuentre ayuda y deje de robar, tal vez tengas que llenar tu necesidad de una amiga en quien puedas confiar con otras relaciones.

Es claro que ella confía en ti. Ella sabe que tú eres ese tipo de amigas que le ayudarán a superar este problema. Si no fuera así, dudo mucho que hubiera escuchado las inquietudes que tú y tus amigas le expresaron. Dudo que te hubiera dicho de la blusa que te robó. Y dudo que se hubiera interesado en tener cualquier tipo de amistad contigo. Así que ella quiere aferrarse a tu amistad.

Con esto en mente, te animo a que le digas que la confianza es una parte importante de una amistad saludable, la clase de amistad que quieres tener con ella. Dile lo mucho que te interesas por ella y que valoras la amistad que tienes con ella. Hazle saber que sus esfuerzos de ser honesta con su problema son buenos pasos para ganar tu confianza.

Nadie es perfecto, así que asegúrale que eso no es lo que esperas de ella. Pero ayúdala a ver que el robo es inaceptable. Anímala a que siga tratando de vencer este tan obvio problema que tiene. Si está dispuesta a buscar la ayuda profesional que necesita, entonces haz lo que puedas para ayudarle a encontrar ayuda. Ofrécele tus oraciones, y hazle saber que vas a estar orando por ella. Ayúdala a crear amistades firmes con otros cristianos que puedan hacer lo mismo.

Hay una historia increíble en la Biblia de cuando Jesús encontró a una mujer que había sido atrapada en el acto de adulterio. La gente la quería matar porque el Antiguo Testamento decía que eso debían hacer. Pero Jesús les enseñó una nueva manera de hacer las cosas. El miró a los acusadores de esta mujer y dijo, "Si alguno de ustedes no tiene pecado, entonces, que lance la primera piedra." Cuando la gente en la multitud oyó estas palabras, soltaron sus piedras y se fueron. Entonces, Jesús tuvo una profunda conversación personal con ella. Le dijo, "Mujer, ¿dónde están? ¿Te ha condenado alguno?" Ella respondió, "Nadie Señor." Jesús entonces le dijo, "Tampoco yo te condeno. Vete y no peques más." (Puedes encontrar esta historia en Juan 8:3-11.)

Jesús es un buen modelo de cómo tratar a tu amiga. Jesús no estaba de acuerdo con el pecado de la mujer adúltera. Tampoco simplemente ignoró su pecado. Le dijo con palabras firmes que dejara de pecar. Pero también escogió no condenarla, aunque tenía toda la razón para hacerlo.

Tú tienes razones suficientes para terminar tu relación con esta muchacha, pero parece que tú quieres mantenerla. ¡Que bueno! No tienes que tolerar que tu amiga robe, pero le puedes mostrar compasión. Mantente cerca de tu amiga, si puedes, y puede que le ayudes a cambiar su estilo de vida de robo. La combinación de la ayuda de Dios, posiblemente la ayuda de un experto, y tu amistad pueden ser las llaves par que tu amiga tome un mejor camino.

El experimentar la gracia puede ayudar a un amigo(a)
a dejar el pecado en su vida.

EL QUE AMA LA LIMPIEZA DE CORAZÓN, POR LA GRACIA DE SUS LABIOS TENDRÁ LA AMISTAD DEL REY.

PROVERBIOS 22:11

REPARO EMOCIONAL

Después que mi novio y yo rompimos el noviazgo nos volvimos amigos, pero últimamente nos hemos estado peleando. He tratado de pedirle disculpas y ser buena, pero él siempre es grosero y me trata mal.

Lo que estás describiendo es muy común. Una vez que una pareja empieza a tener citas empiezan a tener cierta intimidad entre ellos. Han cruzado la línea de la amistad y caminado hacia el mundo de citas exclusivas. Y las citas son, en realidad, un tipo de práctica hacia el matrimonio.

Entonces, cuando una pareja se separa, se vuelve mucho más difícil restaurar la antigua relación de amigos. De hecho, puede que no puedan volver a ser solamente amigos. Es imposible revertir la intimidad, aun cuando la intimidad fue solamente el tomarse las manos.

Te sugiero le des espacio y no esperes demasiado en cuestión de la amistad. Sigue siendo respetuosa y no hables cosas malas de él con tus amistades. Yo no esperaría una disculpa, esa es su decisión. Tienes que hacer lo mejor que puedas para hacer lo correcto, pero no puedes hacer que nadie más haga algo. La forma en que él decida responderte es su decisión.

Es posible que en el futuro te vuelvas a ganar su amistad. Por ahora, mantén un espacio entre él y tú. Enfócate en tu relación con Dios, tu familia, y tus amigas. Disfruta de tu tiempo en la preparatoria y la vida que Dios te ha dado. Habrá suficiente tiempo en el futuro para novios y citas.

Enfócate en tu relación con Dios.

Y QUE POR LA LEY NINGUNO SE JUSTIFICA PARA CON DIOS, ES EVIDENTE, PORQUE: EL JUSTO POR LA FE VIVIRÁ.

GÁLATAS 3:11

PUREZA- ES TU DECISIÓN

¿He pasado el punto donde Dios pueda perdonarme? Estoy siendo sexualmente activa con mi novio. He sido criada en un hogar cristiano, y se que el sexo antes del matrimonio está mal. Lo que no he hecho es el acto de una relación sexual. ¿Sigo siendo virgen? Me he arrepentido y le he pedido perdón a Dios muchas veces por lo que hemos hecho, pero aun sigo fallando.

Lo primero que debes recordar es que Dios te ama y que está listo para perdonarte por cualquier cosa ¡y en cualquier momento! Él desea que no nos quedemos sentados o siguiendo el mismo rumbo, pero que nos arrepintamos y busquemos la pureza y lo que Dios quiere en nuestras relaciones.

Acerca de tu pregunta acerca de tu virginidad, el perder tu virginidad sólo sucede cuando cometes el acto sexual con una persona. Así que, aun eres virgen. La pregunta es, ¿hacia dónde vas? Lo más probable es que si continuas así vas a terminar perdiendo la virginidad.

Si hablas en serio de que quieres ir en otra dirección, hay algunas cosas que vas a tener que tener en mente.

- Tomen una decisión como pareja de dejar de ser activos sexualmente.
- Pongan límites. Encuentran que es lo que les lleva a ser sexualmente activos y tomen la decisión de mantenerse fuera de esas situaciones.
- Recuerda que sólo por el poder de Dios, no nuestras fuerzas, podremos ir en la dirección correcta. Oren juntos y busquen de Dios como una pareja.

– Busquen estar a cuentas. Encuentra personas con quienes seas totalmente honesta y transparente. Permite que estas personas te pregunten lo que sea en cualquier momento. Si eres tentada, llámales y busca apoyo de ellos.

La pureza es una de las cosas más importantes que puedas buscar. Es difícil, !pero bien vale el esfuerzo!

PUES LA VOLUNTAD DE DIOS ES VUESTRA SANTIFICACIÓN; QUE OS APARTÉIS DE FORNICACIÓN; QUE CADA UNO DE VOSOTROS SEPA TENER SU PROPIA ESPOSA EN SANTIDAD Y HONOR.

1 TESALONICENSES 4:3-4

RESPETÁNDOSE EL UNO AL OTRO

Tengo dos amigos cristianos que han estado saliendo juntos alrededor de un año. Él va a comprar una casa el próximo año, y su novia va a vivir con él. Van a tener una casa para ellos solos. ¿Dice la Biblia que tan lejos puedes ir con alguien, o es algo que se permite? No estoy seguro. Yo creo que está mal pero no puedo dar mi opinión personal. Me gustaría recibir consejo bíblico y de cristianos mayores para ayudarles con esta situación.

No creo que sea buena idea que una pareja de un varón soltero y una dama soltera vivan juntos.

Para empezar déjame decirte que Dios creó el sexo para que fuera usado en una relación matrimonial. Lee Mateo 19:4-6, Hebreos 13:4, 1 Corintios 6:18-20.

En relación a la posible situación de tus amigos, no hay un pasaje bíblico que diga que dos personas solteras no pueden vivir en la misma casa antes de casarse. Aun así, volviendo al comienzo donde dije que el sexo fue diseñado para la relación del matrimonio, a las parejas normales les será muy difícil no ser tentados sexualmente al vivir juntos. Dios nos llama a respetarnos unos a otros, hacer lo mejor los unos por los otros, y mantener la pureza (Filipenses 2:3-5 y 1 Tesalonicenses 4:3-8).

En el nivel totalmente de sentido común, el vivir juntos (y estar sexualmente activos) sin un compromiso de matrimonio del uno al otro puede llevarlos a muchas congojas al final del camino.

Cuando les hables a tus amigos de lo que crees, sé gentil y amoroso. No uses las Escrituras como un arma con que pegarles a tus amigos. "La blanda respuesta quita la ira; mas la palabra áspera hace subir el furor" (Proverbios 15:1). Pueden estar teniendo dificultades con saber cual es la decisión correcta. No los rechaces, pero ve a la par de ellos en este proceso.

Nuestra prueba de compromiso con Dios está en nuestra determinación sincera de obedecerlo.

Si me amáis, guardad mis mandamientos.

Juan 14:15

HONRA A DIOS EN TODO

He estado saliendo con el mismo chico por más de tres años. Hemos terminado muchas veces porque he querido seguir a Dios solamente y nuestra relación no glorificaba al Señor. Pero siempre he tenido un novio, así que cuando terminamos, encuentro mi valor y paso mi tiempo con otro chico- nunca enfocándome en el Señor.

Amo a mi novio, y aunque me anima a cambiarme a mí misma y ser lo que Dios quiere de mí, él piensa que nuestra relación física está bien. Muy seguido pienso lo mismo. Trato de justificarlo. Quisiera desesperadamente salir de esta relación, pero no tengo una buena razón que darle. Nunca he vivido según las expectativas de lo que he dicho. Él ha sido fiel, me ha seguido, y me ama, pero no se que es lo mejor para mí. Puedo buscar a Dios cuando estamos juntos, pero me detesto por comprometer mis convicciones con cosas sexuales.

Parece que ya sabes que es lo correcto y que solamente necesitas un poco de confirmación. Bueno, aquí está. Tienes razón en que Dios quiere una relación profunda y personal contigo y que hacer eso toma tiempo. También identificas de manera correcta tu necesidad de encontrar lo que vales para Dios y no en la relación con alguien más. Dios te creó y se alegra de ti sin importar lo que hagas y con quien estés. Y, como eres su criatura, tiene algunos estándares que ha puesto para protegerte.

La actividad sexual antes del matrimonio casi siempre mata la relación. Las estadísticas muestran que cuando una pareja empieza a tener actividades sexuales antes del matrimonio, tienen más probabilidad de divorcio y de problemas sexuales en el matrimonio. Si tu novio en verdad te ama como dice, pondrá tus necesidades antes que las de él y esperará con gusto el tiempo de matrimonio para disfrutar el privilegio de una relación sexual.

Voy a desafiar tu idea de que puedes seguir a Dios cuando estás en una relación que se opone a su voluntad. En ningún lugar de la Escritura encuentro que Dios bendiga el pecado o una relación alrededor del pecado. La razón que dices que te detestas por haber comprometido tus convicciones es que sabes que es lo que debes de hacer, y el Espíritu Santo te trae convicción.

Tampoco estoy de acuerdo de que no tienes una buena razón para dejar esa relación. Unas de las razones son:

1. No honra a Dios.
2. No eres feliz.
3. Tu novio te está empujando a que comprometas tu fe y que cedas al pecado.
4. Eres demasiado joven para haber estado en una relación de tres años.
5. La relación está estorbando tu caminar con Dios.

Hay algunas decisiones que debes tomar.

1. ¿Vas a seguir esta relación? Si así es, ¿que límites vas a poner para asegurarte de abstenerte desde hoy hasta el día de tu matrimonio?

2. ¿Estás dispuesta a terminar con esta relación si tu novio no está de acuerdo con tu decisión de abstenerte de tener relaciones sexuales hasta que te cases?

La relación más importante de tu vida es la relación con Dios. Te animo a que recuperes esa relación y que dejes que Dios derrame de su amor sanador sobre ti para que sepas lo que vales en Cristo y no en otra relación.

Parece que necesitas algún tiempo para sanar. Fuertemente te exhorto a que tomes ese tiempo. Si lo necesitas, busca ayuda de un consejero cristiano (preferiblemente una mujer). Tienes el resto de tu vida delante de ti. Cuida de ti misma, busca el corazón y la sanidad de Dios, y ten el valor de cambiar.

Que Dios te de sabiduría y fuerzas al seguir
por el camino del cambio.

PAR QUE EL NOMBRE DE NUESTRO SEÑOR JESUCRISTO SEA GLORIFICADO EN VOSOTROS, Y VOSOTROS EN ÉL, POR LA GRACIA DE NUESTRO DIOS Y DEL SEÑOR JESUCRISTO.

2 TESALONICENSES 1:12

LA VERDAD SIN RESERVAS

UNA DECISIÓN QUE SEGUIR

¿Me puedes ayudar a entender esto? Mi mamá es lesbiana. Se que la Biblia dice que eso es malo, pero mi mamá dice que ella se enamora de la persona adentro. Así que mi mamá siente que está bien si la persona que ella ama es una mujer. ¿Por qué condenaría Dios a mi mamá cuando ella está tratando de amar a las personas por lo que son? En realidad me preocupa que mi mamá vaya a parar en el infierno.

Déjame empezar por decirte esto claramente: Dios ama a tu mamá. Dios permitió que su único Hijo, Jesús, muriera por todo el mundo, incluyendo a tu mamá.

Para muchas personas, la homosexualidad es un pecado muy complicado y perturbador, parcialmente porque no pueden entenderlo. Eso puede explicar por que algunas personas actúan y hablan como si la homosexualidad fuera un pecado peor que otros. Algunas personas puede que no les guste lo que voy a decir, pero no creo que el pecado de homosexualidad de tu mamá sea peor que el de este hombre de mi iglesia que cometió adulterio o la muchacha adolescente que les dice mentiras a sus papás. De hecho, hay muchas referencias a todo tipo de pecados a través de la Biblia, y sólo unos cuantos tienen que ver directamente con la homosexualidad.

En griego, el lenguaje original del Nuevo Testamento, la palabra "pecado" literalmente significa "errar al blanco." No vas a recibir algunos puntos de compensación por fallar por algunos centímetros.

Tampoco vas a recibir un montón de puntos menos por fallar más de un kilómetro. O le pegas al blanco, o no. Y todos erramos al blanco- yo fallo, tu fallas, y tu mamá falla.

También creo que la Biblia es la palabra de Dios, y creo que la Biblia dice claramente que la homosexualidad es un pecado. Tu mamá puede no estar de acuerdo conmigo, pero tengo que mantenerme en la autoridad de la Palabra.

Aun así, mi preocupación principal no es tanto las preferencias sexuales de tu mamá, sino su relación con Cristo Jesús. Si ella en verdad le entrega su vida a Cristo, confiesa su pecado (no sólo su pecado sexual, sino todos sus pecados), acepta su muerte en la cruz como el acto más grande del perdón de Dios, entonces será salva. Romanos 10:9-10 dice: "Que si confesares con tu boca que Jesús es el Señor, y creyeres en tu corazón que Dios le levantó de los muertos serás salvo. Porque con el corazón se cree para justicia, pero con la boca se confiesa para salvación." No importa si eres homosexual, mentirosa, infiel u otra clase de pecador; el camino de salvación es el mismo para todos.

Si las personas hacen una profesión sincera de fe en Cristo de acuerdo con Romanos 10:9-10, van a querer hacer a Jesús el Señor de sus vidas, y buscarán la guía de la Biblia como autoridad. Desearán vivir una vida libre del pecado. Se esforzarán en glorificar a Dios en todo lo que dicen y hacen. Para algunas personas, eso significa que tendrán que dejar un estilo de vida basado en la envidia y la falsedad. Para otros, puede significar que van a dejar de mentir o chismear de otras personas.

Para una persona homosexual, esto significa buscar un estilo de vida que esté de acuerdo con lo que la Biblia dice acerca de la sexualidad. Claro, nadie puede vivir completamente libre del pecado, pero el seguir a Cristo significa que haremos todo lo que esté en nuestro alcance para honrar a Dios con nuestra forma de vivir.

Yo pienso que se podría decir que Dios no está tan preocupado con el pecado específico en la vida de la persona que con la manera en que el pecado afecta a tal persona. Dios quiere tener una relación con nosotros, y el pecado se interpone. El pecado nos lastima y hace de nuestras vidas menos de lo que Dios quiere. Si tu mamá es como la mayoría de los homosexuales, dudo mucho que haya vivido una vida fácil. Los estudios nos enseñan que los homosexuales como grupo son menos felices, menos realizados, más envueltos en el abuso de drogas y alcohol, y francamente, seguido mueren más jóvenes que los heterosexuales.

Así que ¿está condenada tu mamá al infierno? Si le entrega su vida a Cristo y en verdad quiere vivir para Él, entonces, la Biblia promete que pasará la eternidad en el cielo. Realmente Dios quiere conocerla y un día verla en el cielo (lee 2 Pedro 3:9). Es cuestión de ella tomar la decisión.

Te animo a que ores por tu mamá. Cuando tengas preguntas o preocupaciones acerca de la homosexualidad de tu mamá, habla con un adulto de tu iglesia que sea digno o digna de confianza. Sigue mostrándole amor y respeto, y hazle saber que te interesas por ella aparte de sus preferencias sexuales.

El seguir a Cristo significa que hacemos todo lo que podemos para honrar a Dios con la forma en que vivimos.

SI ALGUNO QUIERE VENIR EN POS DE MÍ, NIÉGUESE A SÍ MISMO, Y TOME SU CRUZ, Y SÍGAME.

MATEO 16:24

LA VERDAD SIN RESERVAS

ENFRENTAMIENTOS BÍBLICOS

¿Qué podemos hacer? Nuestro director de jóvenes, es joven, está casado, y es increíblemente apuesto. Pero está haciendo que muchas personas en nuestro grupo de jóvenes se sientan incómodas. Siempre está abrazando a las chicas. Se viste demasiado sexy, con camisetas con las mangas recortadas, pantalones rotos de mezclilla que enseñan su ropa interior. Temo estar a solas con él.

Y los muchachos de nuestro grupo piensan que es demasiado competitivo en los deportes. Dicen que es tosco, y que se enoja mucho cuando pierde. Mi mamá habló con él acerca de su comportamiento, pero se echó a reír de sus preocupaciones, diciendo que las chicas siempre fantasean de sus directores de jóvenes. El comité que trabaja con él lo deja que haga lo que quiere. Aun peor, el pastor es su tío, así que es probable que él tampoco haga algo. La mayoría de nosotros amamos a nuestro grupo de jóvenes, pero nuestro líder de jóvenes nos está haciendo miserables.

Yo creo que los encargados del grupo de jóvenes tienen uno de los llamados más importantes de parte de Dios. La mayoría de ellos tienen un compromiso de compartir el amor de Dios con los estudiantes. Pero como en cada profesión, hay unos cuantos encargados de jóvenes que no tienen la guía adecuada en cuestiones de las decisiones de estilo de vida y del comportamiento apropiado. Es claro que tu director de jóvenes debe ser confrontado con estos asuntos.

Aun si solamente una jovencita se siente incómoda con él, o si sólo un par de muchachos dicen que es muy tosco y competitivo, es tiempo de poner estos asuntos en la mesa y platicar. Parece que ya intentase hacerlo. Te quiero animar a que lo sigas intentando, por el bien de todos los que están involucrados.

Te sugiero que uses el modelo bíblico de manejar los conflictos, Mateo 18:15-17.

- Escribe toda la información que es cierta. Deja fuera cualquier rumor o cualquier cosa que no puedas respaldar como una verdad absoluta. Platica con tu mamá acerca de esta lista, o el adulto a quien planeas llevar contigo en el segundo paso.
- Pídele a tu mamá u otra amiga y su papá o mamá que vayan contigo a hablar en privado con tu director de jóvenes. Confróntalo con los hechos que has colectado. El confrontar no significa que debes ser negativa o criticarlo, más bien dile en una forma amable que tienes algunas preocupaciones por el grupo de jóvenes. Si escucha tus preocupaciones y hace algunos cambios en su comportamiento, ahí te puedes detener y dar gracias de haber ayudado.
- Si no te toma en serio, trae tus preocupaciones a los líderes de la iglesia. Esto puede ser una junta con el pastor, el comité que mencionaste, u otros líderes de tu congregación. No asumas saber como van a responder. Lo más probable es que quieran lo que es mejor para la iglesia y van a escuchar tus preocupaciones con seriedad.
- Otra vez, mantente cerca de los hechos. Pide que los líderes te escuchen, que oren por lo que van a hacer, y que te informen de las acciones que planean tomar. Esperemos que tu director escuche al grupo de líderes y que haga los ajustes necesarios.
- Si nada cambia, entonces tienes delante de ti unas decisiones difíciles de tomar. Los miembros del grupo y sus padres pueden pedir una junta de miembros de la iglesia. Puedes pedir presentarte ante un representante de tu denominación. (Las oficinas de tu iglesia pueden ayudarte a encontrar quien sería tal persona.) O puedes considerar reunirte en otra iglesia. Todos estos son pasos difíciles, y espero que no tengas que llevar el asunto a estos extremos.

Tus esfuerzos por resolver los problemas con tu director de jóvenes pueden ser tan importantes en su crecimiento como el del grupo. Acuérdate de orar por él y compartir tus inquietudes en el verdadero amor cristiano.

Di la verdad con amor.

DE CIERTO OS DIGO QUE TODO LO QUE ATÉIS EN LA TIERRA, SERÁ ATADO EN EL CIELO; Y TODO LO QUE DESATÉIS EN LA TIERRA, SERÁ DESATADO EN EL CIELO.

MATEO 18:18

LA VERDAD SIN RESERVAS

TU CORAZÓN HABLA

¿Cómo puedo dejar de decir las pocas maldiciones que digo? También estoy tratando de ser una mejor persona. Por lo general soy buena persona, pero tengo la tendencia de enojarme fácilmente con mi novio por cosas que no tienen importancia. No es que él y yo estemos peleando sino que estoy tratando de entrar en una discusión con él.

Primero que nada, gracias a Dios que por lo menos estás preguntando y buscando respuestas para este hábito. Una de las cosas que he aprendido de la Biblia es que Jesús dijo: "Lo que sale de nuestras bocas proviene del corazón."

Lo que eso me enseñó (yo tuve la misma lucha cuando estudiaba en la preparatoria) es que debo ver hacia la razón o el origen de los hábitos de mi lenguaje. Me pregunté algunas cosas a mí mismo que tú te puedes preguntar: *¿Estoy enojado a causa de algunas cosas? ¿Estoy amargado? ¿Tengo un conflicto interno que no he resuelto que sale por mi boca?* Aprendí que si tenía basura en mi corazón, iba a salir en mi habla.

Segundo, consigue alguien con quien puedas estar a cuentas. Dile a tal persona lo que quieres hacer y pídele que te ayuden con tu lenguaje. Pídele a esa persona que te desafíe cada vez que cometas errores (los cuales vas a cometer). No esperes que todo cambie de la noche a la mañana pero da tiempo al Espíritu Santo de que haga su obra.

Último y lo más importante, ¡Ora! Pide a Dios que transforme tu corazón y tus palabras. Si terminas en una situación donde te veas tentada a usar malas palabras, detente y pregúntate a ti misma que sería lo más apropiado de decir en esas circunstancias.

También pregúntate a ti misma, *Si Jesús estuviera escuchando mi conversación, ¿que diría acerca de ella?* O, una cosa más, a veces los problemas con las malas palabras provienen de un deseo dentro de nosotros de "tener poder" sobre las personas por medio del lenguaje. Nos mentimos a nosotros mismos y nos decimos que las "malas palabrotas" van a decirle al mundo que soy una persona grande, mala con la cual no se deben de meter." Trae eso delante del Señor y ante un buen amigo también. ¡Dios te bendiga en este increíble paso espiritual que estás tomando!

Lo que está en tu corazón sale por tu boca. Llena tu corazón con las cosas buenas de Dios.

PORQUE DE LA ABUNDANCIA DEL CORAZÓN HABLA LA BOCA.

MATEO 12:34

LA LISTA DE PRIORIDADES

¿No tengo tiempo para Dios! Se que eso suena mal pero es verdad. Estoy tomando clases de nivel avanzado y soy parte de muchas actividades extraescolares. Estas cosas son importantes para mí, y son importantes para mi futuro. ¿En verdad quiere Dios que deje todas estas cosas para seguirle?

No pienso que Dios le pida a una persona genial y entusiasta que deje todas sus actividades y viva como ermitaño. De todas formas, tu primer enunciado "¡No tengo tiempo para Dios!" Dice mucho acerca de tus compromisos y tus prioridades.

Tienes razón de decir que cosas como clases de nivel avanzado son importantes para tu futuro; cuando llegue el tiempo de aplicar para la universidad, vas a tener más oportunidades de admisión a las mejores universidades. Obviamente has invertido mucho tiempo y energía para preparar tu futuro, y espero que a la larga valga la pena. Pero esta es mi pregunta: ¿Acaso no es importante tu relación con Dios para ti y tú futuro?

Las personas ocupadas siempre han tenido que pensar en sus prioridades. Jesús le pidió a las personas que hicieran lo que dice en esta frase: "Mas buscad primeramente el reino de Dios y su justicia, y todas estas cosas os serán añadidas" (Mateo 6:33). En otras palabras, Jesús nos está pidiendo que pongamos a Dios en el primer lugar y dejar que las cosas sigan su rumbo. Al poner a Dios en primer lugar no significa exactamente que tengas que dejar tus actividades extraescolares y tus clases avanzadas. Lo que sí significa es que tienes que hacer prioridades en tu vida, y que tu relación con cristo sea la número uno.

Claro, puede que te des cuenta de que no puedes tener a Dios en primer lugar y estar comprometido con todas estas cosas. Si ese es el caso, entonces creo que es tiempo de que reducir tus compromisos en tus actividades extraescolares. No estoy diciendo que tienes que dejarlo todo, pero puede que tengas que dejar uno o dos de tus compromisos.

Para hacer eso, haz una lista de todas las actividades en las que estás participando. Después, ve la lista y dales un número de importancia a cada una de estas actividades calificándolas primero por cuales disfrutas más y cuales te preparan para el futuro. Puede que descubras que hay algunas cuantas que puedes dejar sin dejar tus actividades favoritas.

Te puede sorprender el saber que la mayoría de las universidades no se impresiona tanto por el número de actividades extraescolares que como con el nivel de compromiso en cada una de esas actividades. En otras palabras, es más importante escarbar profundo en cada actividad que en verdad disfrutas que estirarte para abarcar cada asociación, equipo, y grupo que encuentres. Este conocimiento te puede ayudar a decidir que actividades verdaderamente quieres mantener y cuales son las que sólo te interesan un poco.

No creo que Dios quiera tanto que dejes esas cosas por Él como el que le entregues esas cosas a él. No hay nada más emocionante que las personas pongan a Dios en primer lugar en sus vidas y que usen sus talentos por él. Es por eso que espero que uses las habilidades que Dios te dio para su gloria.

Pon a Dios en primer lugar y observa como las cosas toman su rumbo.

Y todo lo que hacéis, sea de palabra o de hecho, hacedlo todo en el nombre del Señor Jesús, dando gracia a Dios Padre por medio del él.

Colosenses 3:17

DIFERENCIAS RELIGIOSAS

¿Crees que alguna persona tenga el derecho de decir que una religión es mejor que otras? Creo en Dios, y lo amo tanto. Pero pienso que nadie tiene el derecho de decir si Dios existe o no. No creo que la gente debiera de decir que su religión es la mejor. Nadie debe de forzar su religión en otras personas, y nadie nunca ha visto a Dios.

Las discusiones acerca de religión y política siempre causan conflictos. Apenas la semana pasada, estaba viendo en un programa de noticias en la televisión donde un cristiano debatía con una inconversa acerca de religión y política. Aunque yo estaba de acuerdo con el cristiano en temas como la salvación por medio de Jesús, la autoridad de la Biblia, y su punto acerca de la moral y los valores, me avergonzaba el comportamiento tan rudo con el que trataba a la inconversa. Le faltó al respeto y no escuchó sus creencias.

Por otra parte, no tengo ningún problema en que los creyentes compartan su fe y hablen de sus creencias y experiencias con el Señor. El diálogo honesto no es ofensivo, pero el comportamiento insolente es insultante y odioso. Lo importante es la forma en que comunicamos lo que creemos.

Jesús hizo algunos comentarios muy fuertes. El dijo: "Yo soy el camino, y la verdad, y la vida; nadie viene al Padre, sino por mí" (Juan 14:6). Jesús no tenía miedo de articular lo que Él sabía, aun así siempre lo hizo con amor. Si eres creyente, debes de creer fuertemente en quien es Dios y otros temas de la fe. Como resultado, algunas personas van a creer que eres muy cerrado en tu forma de pensar. Aun así, es posible que expreses lo que crees y has experimentado y al mismo tiempo muestres el amor y respeto con aquellos que no estén de acuerdo. (Para más información, lee el primer capítulo de Juan.)

Dices que nunca nadie ha visto a Dios. Pero ¿sabías que la Biblia enseña que Jesucristo es la imagen visible de Dios?

¡Como Jesús es Dios, su muerte y su resurrección son verdaderamente importantes! Dios, en el Hijo, murió por nuestros pecados. Y su resurrección demostró que en verdad había vencido la muerte. ¡Que cosa tan grande y tan hermosa!

Honra y humildad es saber que Jesús murió por mis pecados y por el mundo. Seguido quiero compartir las noticias más increíbles con mis amigos que no han oído- y es posible compartir la verdad en amor. Te pido que leas los evangelios: Mateo, Marcos, Lucas, y Juan. Subraya las palabras de Jesús. Estas por lo general son fuertes y compasivas a la vez. Jesús nunca transigió, pero siempre fue respetuoso. Él sabía que no todas las religiones eran lo mismo, aun así amó a los que decidieron ir por otro rumbo.

Voto en que imitemos a Jesús.

ÉL ES LA IMAGEN DEL DIOS INVISIBLE, EL PRIMOGÉNITO DE TODA LA CREACIÓN. PORQUE EN ÉL FUERON CREADAS TODAS LAS COSAS, LAS QUE HAY EN LOS CIELOS Y LAS QUE HAY EN LA TIERRA, VISIBLES E INVISIBLES; SEAN TRONOS, SEAN DOMINIOS, SEAN PRINCIPADOS, SEAN POTESTADES; TODO FUE CREADO POR MEDIO DE ÉL Y PARA ÉL.

COLOSENSES 1:15-16

Índice

Acerca del autor

El Dr. Jim Burns es el presidente y el fundador de Homeword. Su pasión es comunicar verdades prácticas con los jóvenes y adultos para ayudar a que vivan la vida cristiana. Muy respetado por su experiencia en el área del ministerio a los jóvenes, la familia, y problemas de los padres. Jim es el autor de muchos libros y da pláticas a miles de personas alrededor del mundo cada año.

Cada mes personas en los EUA o en el extranjero, utilizan los materiales escritos o de video de Jim, lo escuchan, o sintonizan su programa de radio (al aire en más de 800 estaciones y segmentos a diario). Frecuentemente Jim es locutor invitado en programas de radio que tratan temas de los padres y la cultura juvenil.

Vive junto a su esposa, Cathy, y sus tres hijas en Dana Point, California.